W0101363

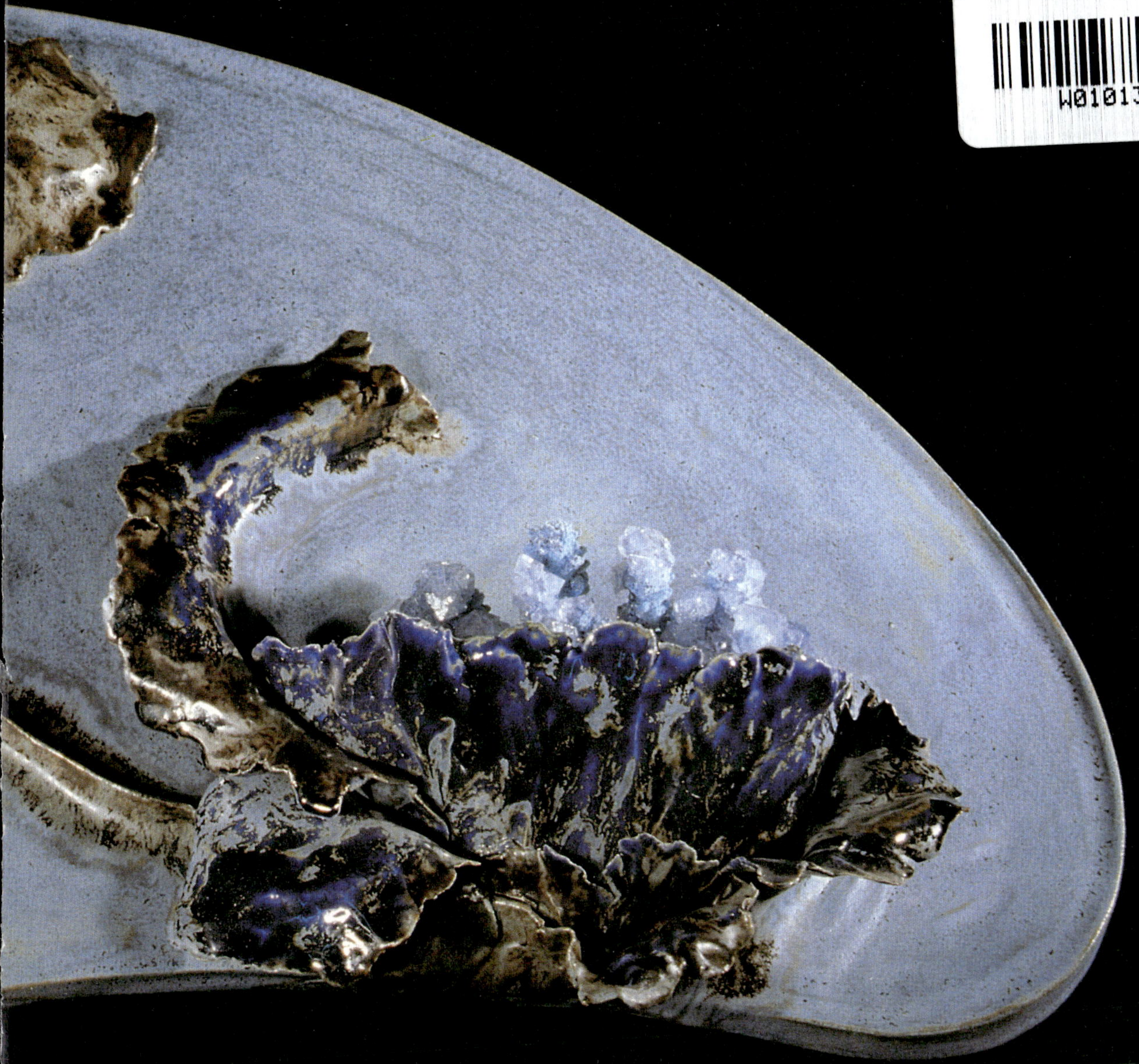

Linda Thier

# Töpfern leicht gemacht

Einfach formen, gekonnt glasieren und fachgerecht brennen

Augustus Verlag

Als ich mit dem Töpfern anfing, steigerte sich meine Begeisterung am Gestalten mit Ton immer mehr. Bald waren alle verfügbaren Räume mit Keramiken der verschiedensten Art vollgestellt. Die Wohnung war ein einziges Atelier. Dann kam die Stunde der Besinnung. Nach und nach wurde der Blick kritischer – es entwickelte sich ein gutes Gespür für Formgebung und Gestaltung sowie die perfekte Handhabung der töpferischen Techniken.

Ich entschloß mich, die über Jahre gesammelte Erfahrung im Umgang mit dem Material Ton, das mich schon immer fasziniert hatte, weiterzugeben. Ein Keramikkurs folgte dem anderen, und meine Begeisterung ist bis heute ungebrochen. Viele Kursteilnehmer wurden vom gleichen Fieber angesteckt. Wir haben ständig voneinander profitiert. Und nicht zuletzt sind auch viele individuelle Ideen und Impulse in meine Arbeit an diesem Buch eingeflossen. Deshalb stelle ich neben meinen eigenen Arbeiten einige besonders gelungene Werkstücke meiner Kursteilnehmer vor.

Es ist alles ganz einfach mit dem Töpfern: Wenn Sie sich erst einmal frisch ans Werk gemacht haben, läuft es „wie von selbst". Dieses Buch hilft Ihnen dabei, denn es hat sich aus langjähriger praktischer Erfahrung und der Freude an der Kreativität entwickelt.

Linda Thier

# Inhalt

| | |
|---|---:|
| Werkzeug | 7 |
| Grundwissen | 8 |
| Plattentechnik | 54 |
| Röhrentechnik | 74 |
| Halbkugel- und Kugeltechnik | 82 |
| Überformtechnik | 96 |
| Wulsttechnik | 104 |
| Fachbegriffe | 116 |

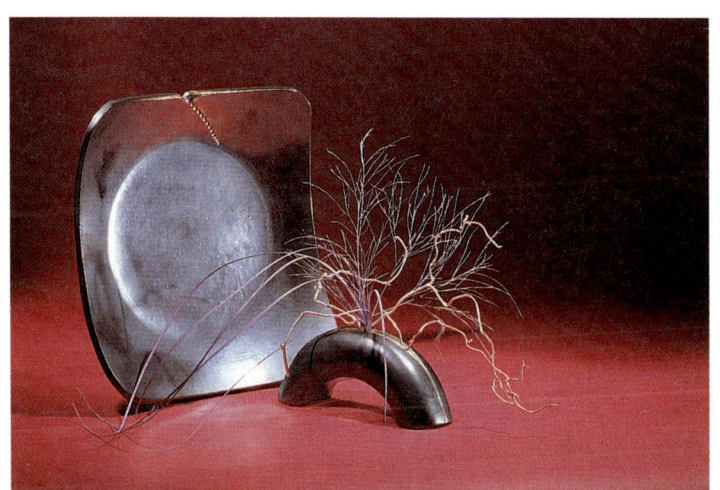

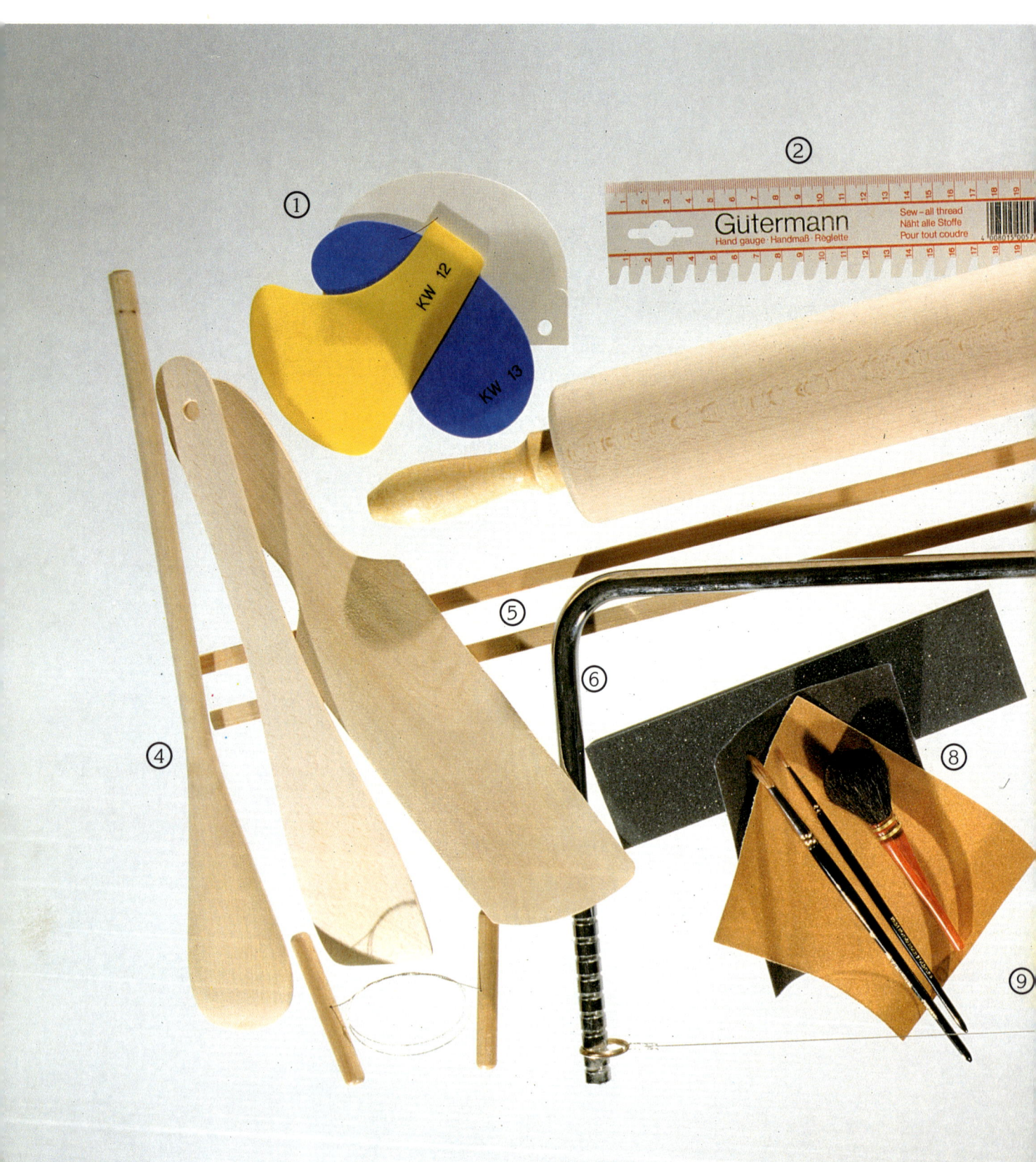

# Werkzeuge

1. Verschiedene biegsame Plastikschaber, zum Formen und Glätten des Werkstücks.
2. Lineal.
3. Wellholz: Ein wichtiges Werkzeug, um Tonplatten auszuwalzen, unentbehrlich für die Plattentechnik.
4. Ein gerades, ein gebogenes Klopfholz und ein Kochlöffel eignen sich zum Beispiel, um Unebenheiten am Werkstück flach zu klopfen.
5. Zwei gleichstarke Holzleisten: Finden Verwendung beim Auswalzen von Tonklumpen oder beim Plattenschneiden mit dem Schneidedraht.
6. Der Plattenschneider ist ein hilfreiches Werkzeug, um gleichmäßig starke Tonplatten zu schneiden.
7. Zwei verschieden geformte Modellierschlingen eignen sich zum Aushöhlen von dicken Tongegenständen oder zum Abschaben von überflüssigem Ton. Eine Graviernadel, mit der Sie Durchbrüche in den Ton schneiden können.
8. Verschiedene Werkzeuge, die Sie vor oder während des Glasierens benötigen. Schleifstein und Schleifpapier, um Unebenheiten oder scharfe Kanten abzuschleifen, ein dicker Glasurpinsel und zwei dünne Malpinsel.
9. Dekorationskamm, geeignet zur Oberflächengestaltung.
10. Naturschwämme zum Glätten der Tonoberfläche oder, zum Beispiel, um Tonkanten abzurunden.
11. Gabel: Sie wird benötigt, um Tonflächen aufzurauhen.
12. Spitzes Töpfermesser: Ein notwendiges Werkzeug, um Tonplatten zurechtzuschneiden, aber auch, um Verzierungen in den Ton einzuschneiden.
13. DrehbareRänderscheibe: Geeignetes Arbeitsgerät, um die Oberfläche eines Werkstücks zu dekorieren.
14. Unterschiedlich geformte Modellierhölzchen: Hilfreiche Werkzeuge zur Feinbearbeitung von Ton.

# Grundwissen

Bevor Sie sich Ton kaufen, überlegen Sie, was Sie gerne töpfern möchten.

Es gibt eine Vielzahl von Tonarten. Man unterscheidet zwischen fettem und magerem Ton. Die Bezeichnung „fetter Ton" hat nichts mit dem Fettgehalt des Tons zu tun, sondern mit seinem Wassergehalt.

Hierzu eine Übersicht, die es Ihnen erleichtert, den richtigen Ton zu kaufen.

### Fetter Ton

Der Ton hat einen hohen Gehalt an Wasser und erscheint dadurch speckiger. Die Bildsamkeit (Plastizität) ist höher als bei magerem Ton. Fetter Ton läßt sich gut ziehen, z.B. beim Henkeln (siehe Seite 35), daher auch langer Ton genannt. Er ist feinschamottiert. Die Oberfläche des Tons fühlt sich glatt und geschmeidig an.

*Vorteil*

Wegen seiner Plastizität geeignet für kleinere Gefäße, Blütenverzierungen, Blätter usw. Wenn Sie heiße oder trockene Hände haben, ist ein fetter Ton für den Anfänger leichter zu handhaben.

*Nachteil*

Durch den höheren Gehalt an Wasser ist die Trockenschwindung stärker (siehe Seite 10). Die Gefahr von Rissebildung und Deformierung ist größer. Fetter Ton muß langsam getrocknet werden. Die Standfestigkeit ist geringer als bei magerem Ton.

### Magerer Ton

Niedriger Gehalt an Wasser. Die Oberfläche fühlt sich grobkörnig an, sein Aussehen ist matt. Es ist ein grobschamottierter Ton. Zum Aufbauen großer Gefäße und Platten geeignet.

*Vorteil*

Geringe Trockenschwindung, dadurch geringere Gefahr der Rissebildung beim Trocknen und Brennen, gute Standfestigkeit.

*Nachteil*

Sehr geringe Plastizität, reißt beim Henkeln gerne ab, daher auch kurzer Ton genannt.

### Tonfarben

Beim Kauf eines Tons ist auch die Tonfarbe auszuwählen. Glasuren erscheinen auf rotem oder schwarzem Ton anders als auf weißem Ton. Soll ein Stück nicht glasiert werden, ist roter Ton zu empfehlen. Im Foto rechts sehen Sie:

### Lederfarbener oder roter Ton

Dieser eisenoxidhaltige Ton wird nach dem Schrühbrand gelblich bis rötlich – je nach dem Eisenoxidanteil.

## Dunkelbrauner bis schwärzlicher Ton

Ein mit Manganoxid eingefärbter Ton. Nach dem Schrühbrand wird der Ton schwärzlich.

## Weißer Ton

Reiner Ton, ohne Beimengungen (Oxide). Auch Grundlage für Engoben (siehe Engobe).
Sicher werden Sie Ihren Lieblingston nach verschiedenen Versuchen herausfinden.

## Sonstiges zu Ton

### Schamotte

Gebrannter, zerkleinerter Ton, der in verschiedenen Körnungsgrößen dem Ton beigegeben wird. Die Körnung reicht von 0,5 – 5,0 mm. Die Schamotte geben dem Ton die Standfestigkeit.

### Gießton

Flüssiger Ton zum Gießen in Gipsformen.

### Schlicker

Mit Wasser aufbereiteter flüssiger Ton. Wird benutzt, um Tonteile zu verbinden.

## Behandeln des Tons vor der Verarbeitung

Wenn Sie Anfänger sind, haben Sie jetzt den ersten Kontakt mit dem Ton. Vor der Verarbeitung des Tons sind mehrere vorbereitende Arbeitsgänge notwendig. Hier einige Regeln, die Sie unbedingt beachten müssen, damit Sie Ihr gefertigtes Stück heil durch alle Arbeitsgänge bringen.

### 1. Regel

Im Ton dürfen sich keine Lufteinschlüsse befinden! Die Luft dehnt sich bei Erwärmung im Brennofen aus, der Ton schwindet beim Brand (siehe Schwindung Seite 10); dies führt zu Rissen oder bei großen Lufteinschlüssen sogar zum Explodieren des Werkstücks. Andere Objekte im Brennofen können dadurch beschädigt werden!

*Wie Lufteinschlüsse verhindert werden*

Das Tonschlagen und Kneten befreit den Ton von Lufteinschlüssen. Schneiden Sie von einem Hubel mit dem Schneidedraht (siehe Werkzeuge Seite 7) ein Stück Ton ab, und verschließen Sie den Hubel wieder gut, damit der Ton nicht austrocknet. Am besten, Sie arbeiten im Stehen. Jetzt schlagen Sie den Ton auf die Arbeitsplatte (Spanplatte) mehrmals von allen Seiten auf.

---

Ton wird meist in Hubeln verkauft. Ein Hubel wiegt 10 Kilogramm. Er ist in Polyäthylenbeuteln luftdicht abgepackt. Die Art des Tons ist auf die Verpackung aufgedruckt. Hier folgen die Bezeichnungen für Westerwälder Fertigmassen:

Beispiel
1/25 heißt: 1/ = 1 mm Schamottekörnung;
25 = 25% Schamotteanteil

| | |
|---|---|
| 1/25 | Ist ein angenehm zu verarbeitender Ton, geeignet für alle Techniken. Dieser mittelfette Ton ist nicht geeignet für große flache Gegenstände (z.B. Auflaufformen) mit einer Länge von mehr als etwa 35 cm. Auch für Platten und Kacheln ist er nicht geeignet. |
| 1/40 | Eignet sich für große flache Gefäße und Platten. Ist ein magerer Ton. |
| 0,5/45 | Eignet sich für große flache Gefäße, Platten und Kacheln. Ist ein magerer Ton. |
| 0,2/25 | Eignet sich für kleine Gefäße. Ist ein fetter Ton. |
| Drehton | Nur geeignet für die Töpferscheibe. Ist ein fetter Ton. |

10-kg-Hubel in den drei handelsüblichen Tonfarben.

Danach beginnt das Kneten. Stellen Sie sich vor, Sie haben einen Brotteig vor sich! Ziehen Sie mit den Fingern den Tonklumpen hoch, und drücken Sie mit beiden Handballen von der Mitte aus wellenförmig auf den Ton. Schieben Sie mit beiden Handflächen den zu einer dicken Wurst auslaufenden Ton wieder zur Mitte.

Sie können, wenn Sie den Tonklumpen mit dem Schneidedraht mehrmals durchschneiden, kontrollieren, ob sich noch Luftblasen in dem Ton befinden.

Wenn ja: Schlagen und kneten Sie weiter.
Wenn nein: Schlagen Sie die aufgeschnittenen Teile aufeinander. Ihr Ton ist für das Töpfern vorbereitet.

### 2. Regel

Der Ton soll nicht zu naß oder zu trocken sein, da er sonst zur Rissebildung neigt. Wenn unterschiedlich feuchter Ton verarbeitet wird, kommt es beim Trocknen zu Rissen.

Wie nasser oder zu trockener Ton in die richtige Konsistenz gebracht wird:

*Ist der Ton zu naß*

Er besitzt keine Standfestigkeit, klebt an der Arbeitsfläche und an den Händen.
Kneten Sie den Ton auf einer trockenen Spanplatte oder Gipsplatte. Das Holz oder der Gips saugt die Feuchtigkeit aus dem Ton.

*Ist der Ton zu trocken*

Kneten Sie den Ton mit angefeuchteten Händen, und benetzen Sie ihn gegebenenfalls mit Wasser.

*Ton sollte sich geschmeidig anfühlen.*

Ist der Ton wie beschrieben bearbeitet, so nennt ihn der Töpfer „homogen".

## Trocknen der gefertigten Werkstücke

Inzwischen haben Sie schon einige Grundkenntnisse im Töpfern.
Nun aber zu einem weiteren wichtigen Schritt, dem Trocknen. Die Feuchtigkeit, die sich im Ton befindet, muß wieder abgegeben werden. Das mechanisch gebundene Wasser verdunstet. Diesen Vorgang nennt man die Trockenschwindung. Während des Schrüh- und Glasurbrands schwindet Ihr Werkstück abermals. Man bezeichnet dies als Brennschwindung – das chemisch gebundene Wasser verflüchtigt sich.

## Berücksichtigen Sie also folgendes:

Trockenschwindung und Brennschwindung ergeben die Gesamtschwindung.

Rechnen Sie mit einer Gesamtschwindung, je nach Tonart, von circa 8 bis 12%.

Der Körper Ihres Werkstücks schwindet, ohne seine Form zu verlieren.

---

**Achten Sie darauf!**
Getrocknete Werkstücke sehr vorsichtig behandeln. Nie an Henkeln oder abstehenden Ornamenten anfassen. Bruchgefahr! Dies ist erst nach dem Schrühbrand möglich.

---

## Fehler beim Trocknen

1. Zu schnell im warmen Raum getrocknet. Rissebildung.
2. Die Unterlage Ihres zu trocknenden Werkstücks ist ungünstig (z.B. Weichholz). Das Holz saugt Wasser auf und verformt sich und damit auch der Boden Ihres Werkstücks. Rissebildung ist möglich.
3. Keinen Kunststoff als Unterlage verwenden. Der Boden des Werkstücks hält sich zu lange feucht. Die Trocknung ist ungleich, und Risse entstehen.
4. Tonplatten wurden nicht abgedeckt oder umgedreht, dadurch wieder ungleiche Trocknung mit Rissebildung und Verformung.
5. Abstehende Henkel und Ornamente wurden nicht abgedeckt. Risse bilden sich zwischen Werkstück und abstehenden Teilen.
6. Gefäße wurden nicht umgedreht oder Gefäßwände nicht abgedeckt. Ungleiche Trocknung, deshalb Rissebildung.
7. Die Tonstärken sind unterschiedliche, z.B. Boden 1 Zentimeter und Gefäßwand 3 Zentimeter stark. Dadurch ungleiche Trocknung und Rissebildung.

## Die Trockengrade

### Feuchthart

Je nach Raumtemperatur ungefähr innerhalb eines Tages.

### Lederhart

Das Werkstück läßt sich mit dem Messer noch bearbeiten (schneiden von Verzierungen), eventuell noch klopfen (siehe Seite 25), aber es ist keine grundsätzliche Verformung mehr möglich. Lederhart ist der ideale Zustand für das Henkeln (siehe Seite 35).

## Hart, trocken

Gleichmäßig helle Tonfarbe (heller als im feuchten Zustand). Wenn Sie etwas am Werkstück kratzen, bröselt der Ton ab.

### Regeln zum richtigen Trocknen

1. So lange in einem ungeheizten Raum trocknen, bis die Tonfarbe heller geworden ist. Danach kann in einem wärmeren Raum weiter getrocknet werden.
2. Als Unterlage für Ihre getöpferten Gegenstände nehmen Sie gerade Span- oder Gipsplatten, eng gelochte Hartfaser- oder Hartholzplatten. Möglich sind auch Holzleisten, auf die Sie Ihr Werkstück stellen oder legen (erst im lederharten Zustand).
3. Drehen Sie das Werkstück öfters um, da der Trockenprozeß an den Rändern beginnt und der Boden noch relativ feucht ist. Dadurch wird eine gleichmäßige Trocknung gewährleistet.
4. Fetter Ton muß länger trocknen als magerer.
5. Kleine Formen sind weniger empfindlich als große.
6. Sich nach oben verjüngende Formen trocknen langsamer.
7. Dünne Wände trocknen schneller als dicke, deshalb dünne Ränder mit Folie einige Tage gut abdecken.
8. Henkel und abstehende Teile trocknen schneller, deshalb mit Folie abdecken.
9. Platten sind beim Trocknen besonders empfindlich. Legen Sie die Tonplatte zwischen zwei Span- oder Gipsplatten, dadurch wird die Feuchtigkeit gleichmäßig entzogen. Ist dies wegen Verzierungen auf der Tonplatte nicht möglich, so decken Sie diese lose mit Folie ab.
Es ist sehr wichtig, die Tonplatten – wenn möglich – immer wieder umzudrehen.
10. Flache, weit ausladende Werkstücke ebenfalls langsam, mit Folie abgedeckt trocknen lassen.

### Ausbessern von Rissen und abgebrochenen Teilen

Sind an Ihrem Werkstück nach dem Trocknen oder nach dem Schrühbrand Risse entstanden oder Teile abgebrochen, haben Sie zwei Möglichkeiten zur Ausbesserung.

### 1. Ausbessern mit verdünntem gleichartigem Ton

Diese Möglichkeit ist nur bei getrockneten Werkstücken möglich. Befeuchten Sie etwa 1 Zentimeter um den Riß oder, wenn ein Teil abgebrochen ist, rings um die Bruchstelle tropfenweise mit Wasser den Ton. Streichen Sie etwas verdünnten gleichartigen Ton in den Riß oder auf die Bruchstelle. Bei abgebrochenen Teilen drücken Sie diese aufeinander, bis der verdünnte Ton herausquillt. Verstreichen Sie mit einem Modellierholz den Riß oder die Bruchstelle mit dem befeuchteten Ton. Durch das nur stellenweise Befeuchten des Tons können aber beim Trocknen erneut Spannungen auftreten, die dann wieder zu Rissen führen.

### 2. Ausbessern mit Reparaturschlicker

Im Handel wird gebrauchsfertiger Reparaturschlicker in den jeweiligen Tonfarben angeboten. Er kann sowohl am getrockneten als auch am geschrühten Werkstück verwendet werden. Achten Sie auf die Gebrauchsanweisung. Trotz der vielen Mühen beim Ausbessern kann der Riß oder Bruch beim Schrüh- oder Glasurbrand wieder auftreten.

Nach dem ersten Brand: Geschrühte Scherben in den drei handelsüblichen Tonfarben

Dekorplatte mit orientalischen Motiven.

## Die Plattentechnik

Die Plattentechnik ist bei Hobbytöpfern sehr beliebt und weitverbreitet, sowohl bei Erwachsenen als auch bei Kindern.

Wie der Name schon sagt, arbeiten Sie mit Platten, die aus vorbereitetem Ton geschnitten werden. Diese Technik erlaubt eine Vielzahl von Formen und Gegenständen, die von Kacheln, Wandbildern, geometrischen Formen oder Objekten bis hin zu kugeligen oder röhrenartigen Gefäßen reichen. Für den Anfänger ist die Plattentechnik besonders zu empfehlen, denn sie ist die einfachste Art des Töpferns.

## Das Bearbeiten des Tons vor dem Plattenschneiden

Den Tonklumpen bearbeiten wie auf Seite 9 beschrieben.
Oder Sie schneiden in die Kunststoffverpackung eines Hubels Ton auf der zusammengeklammerten Seite ein Loch, damit die Luft entweicht. Nun lassen Sie den verpackten Hubel senkrecht auf den Boden fallen. Wiederholen Sie dies unter mehrmaligem Seitenwechsel bis der Ton etwa 6 bis 7 Zentimeter flach geschlagen ist. Diese Methode hat den Vorteil, daß Sie große Platten zum Schneiden zur Verfügung haben. Lufteinschlüsse in Tonplatten aufstechen und verstreichen!

## Das Plattenschneiden

1. Das Plattenschneiden mit dem Schneidedraht: Der vorbereitete Tonklumpen oder die geschlagene dicke Tonplatte werden mit einem Wellholz leicht auf das Arbeitsbrett (Spanplatte) geklopft, damit der Ton flach aufliegt. Beidseitig des Tons werden gerade Holzleisten in einer Stärke von 0,7 bis 1 Zentimeter gelegt. Die Stärke der Leisten entspricht der Dicke der zu schneidenden Tonplatte. Mit einem straff gespannten Schneidedraht, den man beidseitig mit den Daumen auf die Holzleisten drückt und zu sich her zieht, können Tonplatten einfach geschnitten werden. Der darauf liegende Tonklumpen wird abgehoben und auf ein anderes Arbeitsbrett gelegt.

2. Das Plattenschneiden mit dem Tonschneider: Der Ton wird wie oben beschrieben vorbereitet. Der Draht an dem Tonschneider wird nun so eingestellt, daß er einen Abstand von 0,7 bis 1 Zentimeter von beiden Enden des Tonschneiders hat. Jetzt wird auf der Unterseite des Tonklumpens eine Platte abgeschnitten. Um eine gleichmäßige Plattenstärke zu erreichen, müssen die beiden Enden während des Schneidens auf dem Arbeitsbrett entlanggezogen werden.

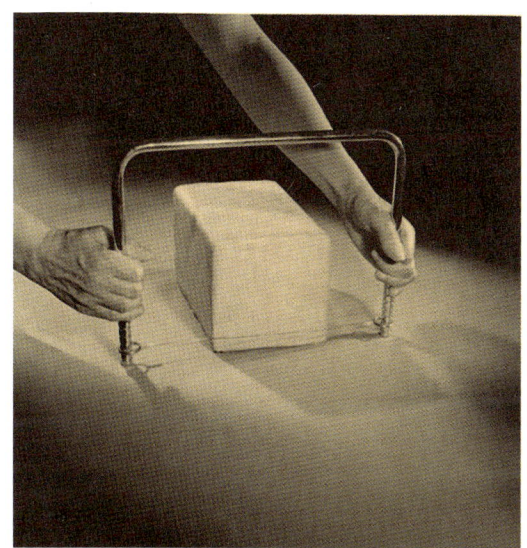

## Das Auswalzen der Platten

Bei dieser Technik können nur kleinere Tonplatten, etwas schmaler als die Breite des Wellholzes, ausgewalzt werden. Legen Sie zwei gleichstarke Holzleisten, wieder etwa 0,7 bis 1 Zentimeter stark, zu beiden Seiten des Tons. Rollen Sie mit dem Wellholz den Ton unter mehrmaligem Umdrehen bis auf Leistenstärke flach.

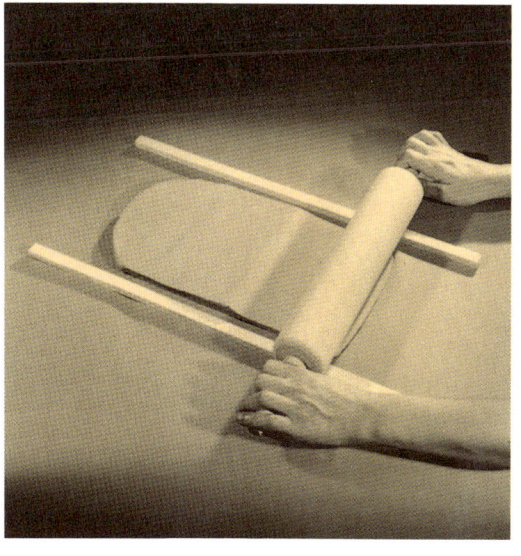

> **Wichtig** Beim Verarbeiten der Tonplatten ist auf eine gleichmäßige Stärke der Platten zu achten.

Die Bildfolge dieser Seite zeigt, wie Tonplatten hergestellt werden.

## Lufteinschlüsse in Platten

Mit einem geraden Plastikschaber streichen Sie die Tonoberfläche glatt. Halten Sie den Schaber auf der einen Seite mit gespreizten Fingern; der Daumen auf der anderen Seite gibt den Gegendruck. Wölben Sie die Tonplatte von allen Seiten hoch, die Lufteinschlüsse sind als Blasen dann leicht zu erkennen.

## Das Aufstechen der Lufteinschlüsse im Ton

Lufteinschlüsse im Ton können Ihr Werkstück während des Brennens zum Zerspringen bringen. Stechen Sie mehrmals mit einem spitzen Messer in die Luftblasen und drücken Sie ringsherum mit dem Daumen die Luft heraus. Anschließend glätten Sie mit dem Plastikschaber die Oberfläche und kontrollieren dann durch nochmaliges Hochwölben Ihre Tonplatte auf Lufteinschlüsse. Es kann sein, daß Sie die Luftblasen mehrmals aufstechen und die Tonplatte glätten müssen. Ist diese Seite der Platte blasenfrei, drehen Sie die Tonplatte um, und behandeln Sie die Rückseite genauso wie die Vorderseite. Ihre Tonplatte ist nun zur weiteren Verarbeitung fertig.

Schon vor dem Schneiden wie auf Seite 9 beschrieben vorbereiteter Ton wird nach dem Plattenschneiden nur noch mit dem Plastikschaber geglättet und kann dann weiter verarbeitet werden.

> **Wichtig** Haben Sie den Ton nicht wie auf Seite 9 vorbereitet, sondern in der Verpackung geschlagen, dann müssen Sie nach dem Schneiden oder Walzen die Tonplatten nach möglichen Lufteinschlüssen untersuchen.

In Plattentechnik gearbeitete Schale mit Kalladekor

## Aus Tonplatten gearbeitete Formen mit aufgesetztem Rand

1. Die Grundform schneiden Sie mit Hilfe einer Schablone, eines Deckels oder eines Tellers aus einer Tonplatte. Runde Grundformen legen Sie genau in die Mitte eines runden Arbeitsbrettes. Sie erleichtern sich, während der späteren Verarbeitung die runde Form einzuhalten.
2. Geben Sie zur gewünschten Gefäßhöhe (im feuchten Zustand, siehe Trockenschwindung) 1 Zentimeter dazu. Markieren Sie die Höhe auf einer Tonplatte und schneiden Sie so viele Tonstreifen, wie Sie benötigen, aus dieser Tonplatte.
3. Rauhen Sie die Plattengrundform und die Unterkante des aufzusetzenden Tonstreifens an den zu verbindenden Stellen mit einer Gabel auf. Schlikkern Sie die aufgerauhten Stellen ein.

4. Den Tonstreifen drücken Sie zwischen Ihren flachen Händen (um den Tonstreifen so wenig wie möglich zu verformen) auf die Grundform. Drükken Sie so fest, daß der Schlicker aus den Verbindungsstellen austritt.
5. Die Streifenenden wie die eingefügten Streifen müssen Sie ebenso aufrauhen, schlickern und so andrücken, daß der Schlicker herausquillt.

6. Mit einem Modellierholz verstreichen Sie an der Gefäßaußenseite den Ton vom Gefäßboden ausgehend nach oben zur Gefäßwand. Die Verbindungen der einzelnen Tonstreifen verstreichen Sie ebenso mit einem Modellierholz. Die Ansätze dürfen nach dem Verstreichen nicht mehr sichtbar sein.

Die Bildfolge dieser Seite zeigt, wie nach Aufrauhen der Bodenplatte die Gefäßwand aufgesetzt und die Fuge verstrichen wird.

7. Schaben Sie von der Innenseite der Gefäßwand etwas Ton ab, und verstreichen Sie ihn zum Gefäßboden hin. Die Ansatzstellen dürfen Sie nach sorgfältigem Verstreichen nicht mehr erkennen.
Möchten Sie einen runden Übergang zwischen Boden und Wand, dann rollen Sie eine Tonwurst. Rauhen und schlickern Sie die zu verbindenden Stellen, und drücken Sie die Tonwurst zwischen Wand und Boden. Verstreichen Sie den Ton mit einem Modellierholz oder einem Plastikschaber.

8. Mit einem Plastikschaber können Sie Unebenheiten abkratzen, die Form gleichzeitig glätten oder von innen mit der runden Schaberseite auswölben.
Bei runden Gefäßen arbeiten Sie innen mit der runden Seite des Schabers, an der Außenseite biegen Sie, mit den Fingern auf der einen Seite und den Daumen auf der anderen, die gerade Kante des Schabers in die gewünschte Form. Damit sich das Gefäß nicht ungewollt verformt, geben Sie mit der anderen Handfläche Gegendruck.
Bei geraden Gefäßen können Sie auf der Außenseite gerade Holzleisten, die etwas höher als Ihr Gefäß sind, andrücken, während Sie mit der anderen Hand und einem Schaber den Ton glätten.

9. Markieren Sie an der Wand mit Hilfe eines Lineals die Höhe des Gefäßes (Zugabe für Schwindung nicht vergessen). Schneiden Sie entlang der Markierung die Gefäßwand ab. Glätten Sie die Kante mit einem Finger, Modellierholz oder bei fetten Tonen mit einem feuchten Schwamm.
Als Abschluß können Sie Bänder oder Wülste angarnieren (siehe Seite 41), mit einem Schwamm eine Rille eindrücken (siehe Seite 39) oder mit dem Modellierholz Verzierungen aufbringen. Den Rand können Sie auch nach außen biegen oder wellen.
Henkel und Griffe dürfen Sie erst anbringen, nachdem das Werkstück lederhart getrocknet ist.

Die Bildfolge dieser Seite zeigt, wie die Gefäßinnenwand verstrichen und mit dem Plastikschaber geglättet wird. Am Ende wird die Gefäßhöhe markiert und der Rand abgeschnitten.

## Aus Tonplatten gearbeitete Formen mit hochgebogenem Rand

Mit dieser Technik lassen sich leicht und schnell Vogeltränken, Blätter, flache Schalen und ähnliches töpfern.

1. Schneiden Sie die gewünschte Grundform aus einer Tonplatte.
2. Biegen Sie die Grundform an den Rändern vorsichtig hoch und schieben Sie den Ton am oberen Rand mehr oder weniger zusammen. Verstreichen Sie die Kante mit einem Finger. Achten Sie unbedingt darauf, daß Sie den Ton zusammenschieben und nicht mit Daumen und Finger hochdrücken. Üben Sie zuvor an einem Stück Ton. Sie können den Rand, wenn notwendig, mit zusammengeknüllter Folie unterstützen.
Bei Blättern können Sie Adern mit einem Modellierholz eindrücken, oder Sie drücken Rillen in das Blatt.
Bei Vogeltränken können Sie, nachdem der Rand gefertigt ist, die Vogeltränke vorsichtig hochheben und zwischen Arbeitsbrett und Vogeltränke zusammengeknüllte Folie legen. Dadurch erhält die Tränke einen kleinen Hügel. Zitronen- oder Zwiebelnetze, Blätter, Stäbchen und anderes können Sie ebenso in die Tränke eindrücken.

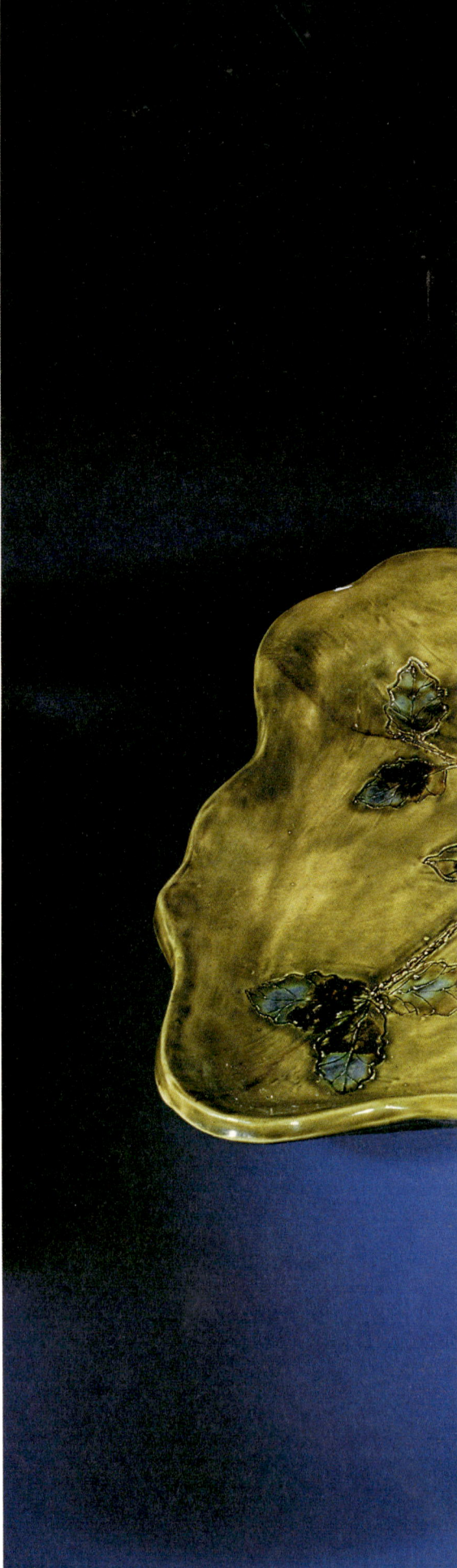

In Plattentechnik gearbeitete Vogeltränke mit hochgebogenem Rand

**Wichtig** Ihre Vogeltränke sollten Sie vor Frost schützen! Außerdem ist es zu empfehlen, den Boden der Vogeltränke auch zu glasieren.

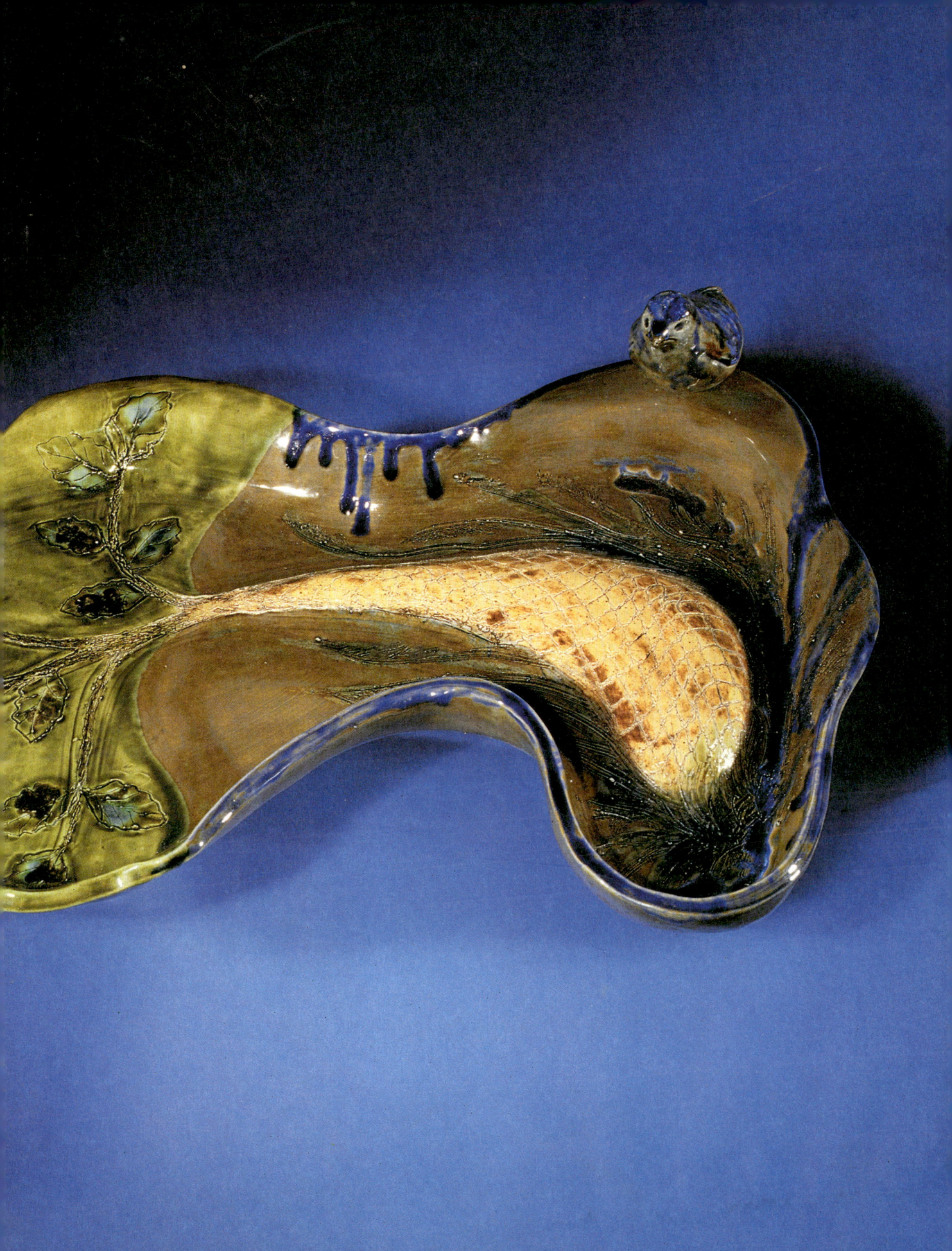

## Röhrentechnik

Röhrengefäße werden aus Tonplatten hergestellt. Hohe Röhren über 20 Zentimeter neigen dazu, sich zu verformen. Deshalb muß die Röhre, während Sie daran arbeiten, und danach, bis sie lederhart ist, von einer mit Folie überzogenen Pappröhre gestützt werden.

1. Markieren Sie an einer Tonplatte die gewünschte Höhe und den benötigten Umfang, und schneiden Sie die Seitenwand der Röhre aus der Tonplatte.
2. Die beiden zu verbindenden Längskanten schneiden Sie mit dem Messer so schräg, daß die später aufeinanderliegenden Schnittstellen etwas mehr als Plattenstärke erreichen. Diese aufrauhen und schlickern.

3. Nun wickeln Sie die so vorbereitete Platte um die Papprolle und drücken die geschlickerten Kanten aufeinander. Rollen Sie nun das Ganze ein wenig. Damit erreichen Sie, daß die Tonröhre etwas größer als die Pappröhre wird. Diese Differenz benötigen Sie, um später die Pappröhre ohne Folie herausziehen zu können. Danach verstreichen Sie die Verbindungsstelle.
4. Schneiden Sie aus einer Tonplatte, dem Durchmesser der Tonröhre entsprechend, den Boden des Gefäßes aus, und legen Sie ihn auf ein Arbeitsbrett.

5. Ziehen Sie die Pappröhre ohne Folie vorübergehend heraus, und entfernen Sie danach die Folie. Verstreichen Sie von innen die Verbindung der Wand.
6. Setzen Sie die Tonröhre auf die Bodenplatte, nicht ohne vorher aufgerauht und geschlickert zu haben, und drücken Sie, bis Schlicker austritt.
7. Mit einem Modellierholz verstreichen Sie außen den Ton von dem Boden zur Seitenwand.

Die Bildfolge dieser Seite zeigt, wie nach Vorbereitung einer Platte die Röhre zusammengefügt und der Boden verstrichen wird.

8. Verstreichen Sie danach die Röhre innen. Wenn die Röhre hoch ist, verwenden Sie am besten einen Kochlöffelstiel. Schieben Sie etwas Ton von der Wand zum Boden, und verstreichen Sie ihn.

9. Geben Sie die wieder mit Folie umwickelte Papprohre als Stütze in die Röhre.
10. Mit einer senkrecht gehaltenen Holzleiste schaben Sie mögliche Unebenheiten an der Röhre ab und glätten sie gleichzeitig. Liegt die Tonröhre nicht gleichmäßig an der Leiste an, drücken Sie von innen dagegen.
11. Markieren Sie mit einem Lineal und einem spitzen Gegenstand die Höhe der Röhre (Schwindung nicht vergessen), und schneiden Sie den Rand mit einem scharfen Messer ab.

12. Entfernen Sie die Stütze, wenn Sie den Rand bearbeiten, der Tonröhre eine Drehung geben oder sie verformen wollen, wie zum Beispiel oval klopfen oder eindellen.
13. Geben Sie die Stütze, wieder in die Tonröhre. Falls infolge der Verformungen der Tonröhre die Stütze zu groß ist, verwenden Sie eine dünnere Papprolle.
14. Zum Schluß können Sie Bänder, Streifen mit eingedrückten Rillen, Blättern oder Blüten angarnieren.

**Wichtig** Im lederharten Zustand muß wegen der Trockenschwindung die Papprolle mit der Folie unbedingt entfernt werden.

Die Bildfolge dieser Seite zeigt, wie Gefäßwand und Boden der Röhre miteinander verstrichen werden, und dann die äußere Gefäßwand geglättet wird. Am Ende wird die Verzierung angarniert.

In Halbkugeltechnik gearbeitete Schüsseln

## Halbkugeltechnik

### Eine Halbkugel selbst formen.

1. Schneiden Sie aus einer Tonplatte eine entsprechend große kreisrunde Scheibe.
2. Wölben Sie den Rand der Scheibe nach oben und schieben Sie den Tonrand mit Finger und Daumen zusammen, aber ohne ihn nach oben zu drücken. Die Finger und die Daumen führen und schieben den Ton zueinander. Dadurch entsteht eine Halbkugel. Die Stellfläche der Halbkugel kann bei der späteren Verarbeitung korrigiert werden.

### Eine Halbkugel überformen

Geeignet ab einem Durchmesser von etwa 12 Zentimetern. Das Überformen ist ein sehr altes Hilfsmittel der Töpferei. Es werden damit gleichmäßig geformte Gegenstände hergestellt. Zum Überformen benötigt man eine Grundform. Dazu eignet sich zum Beispiel ein Ball oder eine Styroporkugel.

1. Messen Sie mit einem Meßband den Umfang ihrer Grundform. Teilen Sie den ermittelten Umfang durch zwei, und geben Sie zu dem Ergebnis noch ungefähr vier Zentimeter dazu. Jetzt haben Sie den Durchmesser der Scheibe, die Sie aus einer Tonplatte schneiden.
2. Die Grundform überziehen Sie vollständig mit einer dünnen Folie.
3. Stellen Sie nun die Grundform auf eine Dose oder ähnliches. Wichtig ist der sichere und feste Stand der Grundform.

**Wichtig** Die selbst geformte Halbkugel ist bis zu einem ungefähren Durchmesser von 12 Zentimetern gut möglich.

4. Die runde Tonplatte legen Sie mittig auf die Grundform.

5. Drücken Sie nun den Ton von der Mitte der Kugel abwärts; befeuchten Sie, wenn notwendig, den Ton. Versuchen Sie, den Ton möglichst ohne Faltenbildung an die Grundform zu drücken. Mit einem in Form gebogenen Plastikschaber glätten Sie anschließend den Ton.

6. Von dem höchsten Punkt der Halbkugel aus messen Sie nun den „Äquator", markieren ihn und schneiden den überstehenden Ton ab. Soll mit dieser Halbkugel später eine Kugel geformt werden, geben Sie 1 Zentimeter dazu. Lassen Sie nicht zuviel Ton über den „Äquator" stehen, da es sonst nicht mehr möglich ist, die Grundform zu entfernen.

7. Die Halbkugel ist noch zu instabil und verformbar, als daß die Grundform herausgenommen werden könnte. Der Ton kann nun so lange trocknen, bis er selbständig steht, aber noch weich ist (drei Zentimeter Rand mit Folie abdecken). Die Gefahr von Rissebildung beim Schwinden des Tons ist allerdings sehr groß, da die Grundform nicht nachgibt. Besser ist es, mit dem Föhn den Ton gezielt zu trocknen (drei Zentimeter Rand mit Folie abdecken), bis die Halbkugel selbst stehen kann, der Ton aber noch biegsam ist.

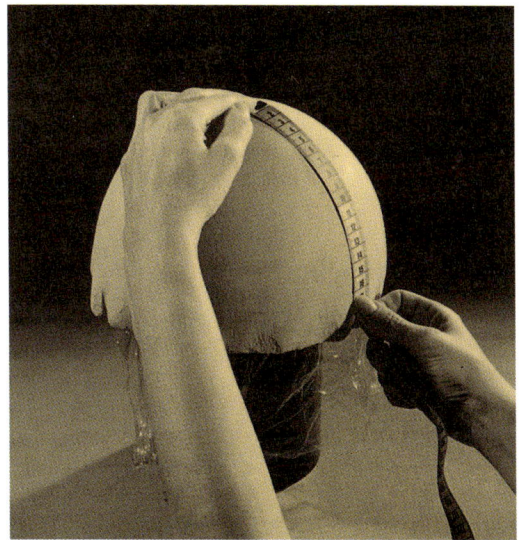

8. Drehen Sie die Grundform mit dem Ton um 180 Grad, und stellen Sie das Ganze wieder auf die Dose. Heben Sie die Grundform ohne Folie aus der Halbkugel. Die Folie wird danach aus der Halbkugel gezogen.

9. Glätten Sie mit einem Plastikschaber oder einem Modellierholz die Innenseite der Halbkugel.

Wenn Sie eine Schale, ein Sieb oder eine Blumenampel töpfern möchten, dann haben Sie jetzt die Grundform dafür. Als Abschluß setzen Sie ein Band oder einen Wulst an, oder Sie ziehen den Rand zwischen den Fingern dünn.

Bei einer gewellten Schale drücken Sie den Ton nur bis zu 1/4 an die Grundform. Den verbleibenden Rest Tonscheibe legen Sie in flache Wellen.

Die Bildfolge dieser Seite zeigt, wie eine Halbkugel über einer Styroporkugel aus Ton geformt, gemessen und innen mit dem Plastikschaber geglättet wird.

In Kugeltechnik gearbeitete Vase mit angarniertem gerilltem Dekorband

Diese Bildfolge, die auf der gegenüberliegenden Seite fortgesetzt wird, zeigt, wie der Rand einer Halbkugel nach außen zu biegen ist.

## Kugeltechnik

Fertigen Sie zwei gleich große Halbkugeln wie vorher beschrieben.

1. Den Zeigefinger legen Sie so an den äußeren Rand der Halbkugel, daß er abschließt. Mit dem Daumen biegen Sie nun den Ton um 90 Grad etwa 1 Zentimeter nach außen. Bearbeiten Sie so beide Halbkugeln. Den gebogenen Rand rauhen Sie auf und schlickern ihn.
2. Pressen Sie die beiden Ränder fest aufeinander, bis der Schlicker herausquillt.

3. Mit einem Modellierholz von unten und dem Daumen von oben drücken Sie die aufeinandergepreßten Ränder zusammen. Die jetzt in der Kugel eingeschlossene Luft bewirkt, daß Sie die Kugel bearbeiten können, ohne daß sie in sich zusammenfällt. Das kleinste Loch genügt, um die Kugel bei der späteren Verarbeitung deformieren zu können.

4. Sollte der Rand breiter als 1 Zentimeter geworden sein, schneiden sie ihn zurück.

5. Die Kugel nehmen Sie in Ihre gewölbte linke Hand. Mit der rechten Hand schlagen Sie mit einem gebogenen Klopfholz auf den Rand und klopfen die Verbindungsstelle ringsherum flach.

6. Mit einem Modellierholz glätten und verstreichen Sie die Verbindungsstellen von der Randmitte zur Kugelaußenseite.

7. Nun nehmen Sie die mit Wasser angefeuchtete Kugel in die feuchten Hände und rollen sie so, als wollten Sie einen Kloß formen. Wenn notwendig, können Sie die Kugel noch mit einem Klopfholz bearbeiten und mit einem gebogenen Plastikschaber glätten.

8. Möchten Sie eine Standfläche schaffen, dann setzen Sie die Kugel mit etwas Druck auf ein Arbeitsbrett.

Jetzt können Sie Ausschnitte für Vasen einschneiden, der Kugel einen Hals aufsetzen, Kugeln als Füße anbringen oder einen Ring als Sockel anbringen. Möchten Sie eine Kugeldose fertigen, sehen Sie auf Seite 37 nach.

Zwei Halbkugeln mit nach außen gebogenem Rand werden aufeinandergepreßt, die Verbindungsstelle mit dem Klopfholz bearbeitet. Am Ende wird die Verzierung angarniert.

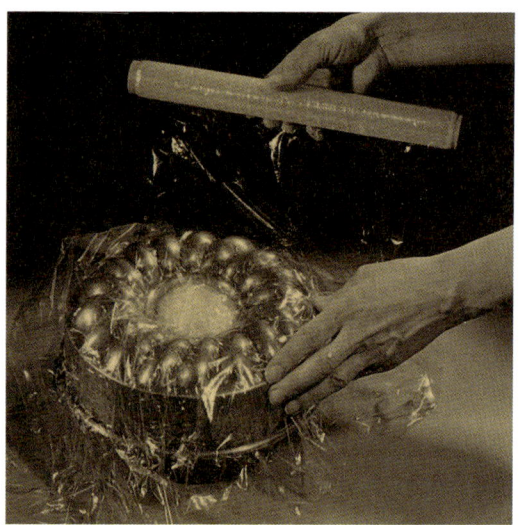

## Überformtechnik

### Kuchenformen und Schalen

Beim Überformen von Gegenständen ist zu beachten, daß die Grundform an den Seitenwänden zur Öffnung hin ausladend oder gerade ist und sich auf keinen Fall verengt.

1. Bei hohen Kuchenformen (Gugelhupf) kann die mittlere Vertiefung nicht überformt werden. Stopfen Sie deshalb die Vertiefung mit Folie aus. Sie können auch über eine runde Schalengrundform eine quadratisch oder rechteckig zugeschnittene Tonplatte formen.
2. Die Grundform wird dann mit einer dünnen Folie überzogen, die der Grundform angepaßt wird.

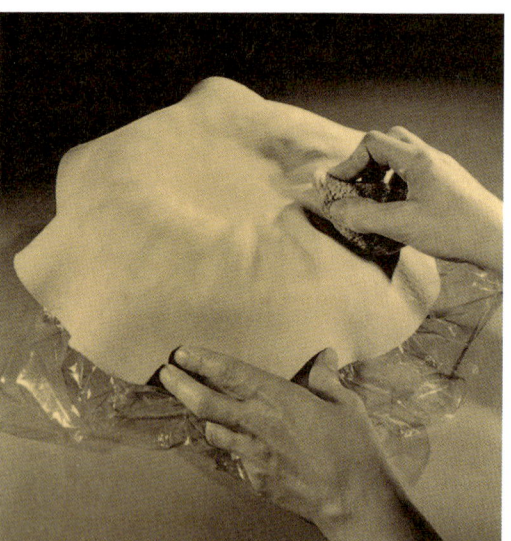

3. Legen Sie eine Tonplatte so über die Grundform, daß sie etwa 2 Zentimeter übersteht. Bei quadratischen oder rechteckigen Tonplatten beachten Sie, daß die zugeschnittene Tonplatte genau in der Mitte der Grundform liegt.
4. Befeuchten Sie die Tonplatte mit Wasser, und drücken Sie mit einem feuchten Schwamm von der Mitte ausgehend zum Rand die Tonplatte auf die Grundform. Glätten Sie den Ton mit dem Finger oder Plastikschaber.
Bei quadratischen oder rechteckigen Tonplatten die Kanten nicht verdrücken, sondern mit dem Finger glätten.

5. Nun folgt das Antrocknen. Wie bei Halbkugeln Punkt 7.
6. Danach wird die Grundform aus dem Ton genommen und die Folie vom Ton abgezogen.
7. Schneiden Sie am abgeformten Rand der Grundform entlang den Ton ab, oder biegen Sie einen gleichmäßigen waagrechten Rand zur Form, und messen und schneiden Sie dann den Ton ab. Dieser Punkt entfällt bei quadratischen oder rechteckigen Tonplatten.
8. Zum Abschluß können Sie an den Rand einen Wulst ansetzen, den stehengelassenen Rand wellen oder mit einer Rille versehen.

Die Bildfolge dieser Seite zeigt, wie eine Backform mit Klarsichtfolie überzogen und diese Grundform abgeformt wird. Am Ende wird die Backform entnommen und die Folie abgezogen.

In Überformtechnik gearbeitete Deckel und Kuchenform

## Ringe

Verwenden Sie als Grundform einen halben, in der Querachse durchgeschnittenen Styroporring. Fertigen Sie mit Hilfe der Grundform zwei halbe Ringe.

1. Gehen Sie wie in Schritt 1 bis 5 des Abschnitts „Das Überformen von Kuchenformen und Schalen" beschrieben vor. Abweichend davon sollten hier der überstehende Außenrand und die innere Fläche mit Folie abgedeckt werden.
2. Schneiden Sie mit einer Zugabe von 1 Zentimeter die innere Fläche aus. Den äußeren Rand bis 1 Zentimeter zuschneiden.

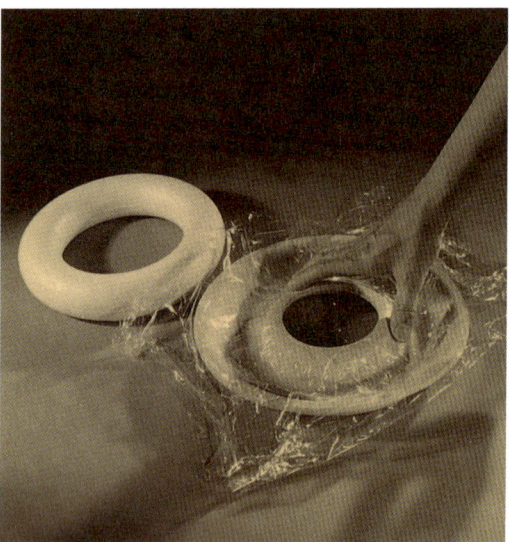

3. Heben Sie die Grundform aus dem Ton, und ziehen Sie die Folie ab.
4. Fertigen Sie nun den zweiten halben Ring. Ist er fertiggestellt, werden die äußeren und inneren abstehenden Ränder aufgerauht und geschlickert. Drücken Sie beide Halbringe fest aufeinander, bis der Schlicker herausquillt.

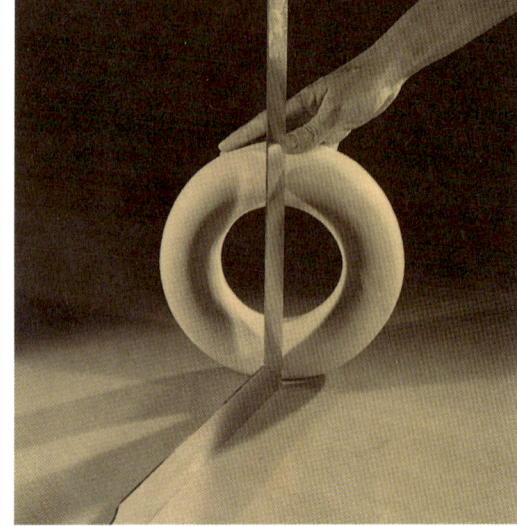

5. Nun arbeiten Sie wie in Schritt 3 bis 6 des Abschnitts „Kugel" beschrieben weiter.
6. Möchten Sie einen senkrecht stehenden Ring, so setzen Sie den Ring mit etwas Druck auf ein Arbeitsbrett. Kontrollieren Sie mit einem Winkel, damit der Ring auch senkrecht steht.

Jetzt kann Ihr Ring dekoriert oder vielleicht ausgeschnitten werden.

Die Bildfolge dieser Seite zeigt, wie aus einer Tonplatte über einem Styroporring die eine Hälfte eines Rings geformt wird. Am Ende wird der exakte Stand des fertigen Rings mit dem Winkel kontrolliert.

In Wulsttechnik gearbeitete große Schale

## Wulsttechnik

Mit dieser Technik können Sie den Umgang mit dem Ton gut erlernen und ein Gefühl für das Material bekommen. Jede Gefäßart, ob groß oder klein, ist mit dieser Technik erreichbar.

1. Aus Ihrem vorbereiteten Ton schneiden Sie eine Tonplatte. Aus dieser wird der Gefäßboden geschnitten und auf ein Arbeitsbrett gelegt. Wie schon beschrieben: runde Böden auf runde Arbeitsbretter.

2. Nun rollen Sie aus vorbereitetem Ton mehrere gleichmäßig dicke Tonwülste mit einem Durchmesser von 3 bis 4,5 Zentimetern. Nicht sofort verwendete Wülste mit Folie vor dem Trocknen schützen. Achten Sie beim Rollen darauf, daß Sie am Wulstende kein Luftloch einrollen. Dies können Sie verhindern, indem Sie am Wulstende die Kante mit den Fingern immer wieder gerade verstreichen und die Enden des Wulstes ab und zu auf das Arbeitsbrett leicht senkrecht aufstoßen.

3. Legen Sie den Tonwulst auf ein Arbeitsbrett waagrecht vor sich hin.

**Wichtig** Lange Fingernägel sind gerade bei dieser Technik hinderlich.

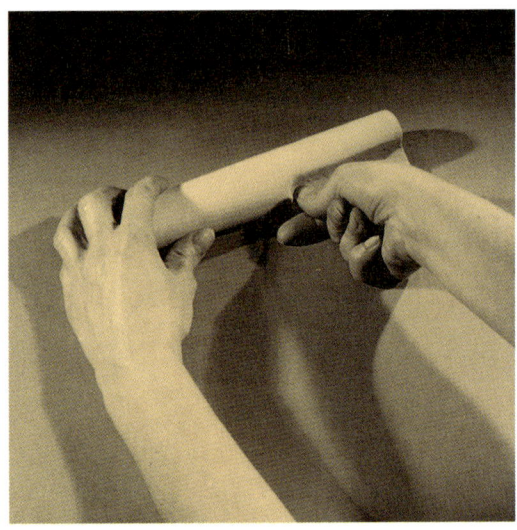

4. Den Zeigefinger der rechten Hand legen Sie unten parallel an den Tonwulst. Ihr Zeigefinger liegt auf dem Arbeitsbrett auf. Mit dem Daumen der rechten Hand drücken Sie etwa 1 Zentimeter des Wulstes in Richtung Zeigefinger, bis der Daumen auf dem Zeigefinger aufliegt. So entsteht Daumendruck für Daumendruck nacheinander ein gleichmäßig gedrückter Rand in der Stärke Ihres Zeigefingers.

5. Rauhen und schlickern Sie den Gefäßboden am oberen Randende. Ebenso die aufzusetzende untere gedrückte Kante und die zusammenzusetzenden gerade geschnittenen Enden des Tonwulstes.

6. Drücken Sie die Kante des Tonwulstes auf den Gefäßboden und die zu verbindenden Enden des Wulstes zueinander.

7. Verstreichen Sie innen und außen die Verbindungsstellen wie unter Punkt 6 und 7 „Plattentechnik" beschrieben.

8. Stellen Sie sich immer gerade vor das Gefäß. Mit dem Daumen beider Hände im Gefäßinneren und den eng aneinanderliegenden Fingern außen drücken Sie von dem schon flachgedrückten Rand den Wulst gleichmäßig nach oben. Drehen Sie, nachdem Sie ein Stück Wulst hochgedrückt haben, Ihr Gefäß. Ihre Hände arbeiten immer vom gleichen Ausgangspunkt. Durch Drehen und Drücken wächst Ihr Gefäß nach oben. Die Wandstärke sollte etwa 1 Zentimeter betragen.

Diese Bildfolge, die auf der gegenüberliegenden Seite fortgesetzt wird, zeigt, wie der Wulst flachgedrückt, auf die Bodenplatte aufgesetzt und hochgedrückt wird.

9. Mit einem Plastikschaber, der sich der Innenform anpaßt, schaben Sie innen Unebenheiten weg, glätten den Ton oder beulen die Form gleichmäßig aus. Von außen bearbeiten Sie das Gefäß mit einem in Form gebogenen Plastikschaber (mit dem Daumen auf der einen Seite und den gespreizten Fingern auf der anderen Seite verbiegen Sie unter Druck den Schaber in die gewünschte Form). Während Sie mit dem Schaber den Ton bearbeiten, geben Sie von der Gegenseite immer Gegendruck mit der Handfläche. Mit einem gebogenen Klopfholz oder einem Kochlöffel, je nach Biegung der Gefäßwand, können Unebenheiten verklopft werden.

10. Bei ausladenden Gefäßen setzen Sie die mit dem Daumen gedrückte Seite des Wulstes etwa 0,5 Zentimeter unter den Außenrand Ihres aufgebauten Werkstücks. Aufrauhen, schlickern und fest aneinander drücken nicht vergessen. Mit dem Modellierholz verstreichen Sie innen und außen verlaufend die Verbindungsstelle. Drücken Sie den Wulst wie unter Punkt 8 beschrieben weiter. Möchten Sie das Gefäß stark ausladend formen, dann drücken Sie den Tonwulst mit beiden Daumen, unter weniger Gegendruck der Finger, stärker nach außen. Haben Sie die gewünschte Höhe erreicht, messen, markieren und schneiden Sie den Rand ab. Möchten Sie höher aufbauen, arbeiten Sie wie unter Punkt 11 beschrieben weiter.

11. Bei sich verjüngenden Gefäßen setzen Sie die mit dem Daumen gedrückte Seite des Wulstes 0,5 Zentimeter unter den Innenrand des Werkstücks. Vorher natürlich aufrauhen, schlickern und die zu verbindenden Teil fest aneinander drücken. Die Verbindungsstelle verlaufend innen und außen verstreichen. Achten Sie beim Hochdrücken des Wulstes darauf, daß die Finger außen einen stärkeren Druck als der Daumen ausüben. Den Tonwulst während des Hochdrückens gleichzeitig zusammenschieben. Haben Sie die Gefäßhöhe erreicht, dann schneiden Sie den Rand zu. Möchten Sie höher aufbauen, legen Sie eine Pause ein, damit das Gefäß etwas antrocknet, um den nächsten Tonwulst tragen zu können. Den Gefäßrand mit Folie vor dem Austrocknen schützen. Arbeiten Sie so hoch bis die gewünschte Höhe erreicht ist. Legen Sie dabei immer wieder Pausen ein.

Das in Wulsttechnik gearbeitete Gefäß wird mit dem Plastikschaber geglättet. Die beiden unteren Abbildungen zeigen, wie der flachgedrückte Wulst außen und innen angesetzt und verstrichen wird.

# Das Brennen

Das getrocknete Werkstück muß nun gebrannt werden. Dadurch gewinnt es an Festigkeit. Ohne Brand wäre Ihr Werkstück zerbrechlich und durch Wasser auflösbar.

Da die wenigsten Hobbytöpfer einen Brennofen besitzen und deshalb den Brand einem Töpfer oder einem Fachgeschäft überlassen, hier nur ein paar grundsätzliche Hinweise.

### Der Schrühbrand

Er erreicht normalerweise eine Temperatur von 800 bis 960 Grad oder auch höher. Dabei wird das Werkstück zum Scherben, der Fachausdruck für gebrannten, unglasierten Ton.

Während des Schrühbrandes verkleinert sich das Werkstück (Brennschwindung). Die Tonfarbe verändert sich; lederfarbener Ton wird zum Beispiel rot. Das chemisch gebundene Wasser entweicht. Das Werkstück sintert, das heißt, die Poren verschließen sich beim Brennen mehr oder weniger. Der Scherben wird dichter, bleibt aber noch genügend saugfähig für die aufzubringende Glasur.

### Der Glasurbrand

Der Glasurbrand erreicht eine Temperatur von 1030 bis 1080 Grad – je nach verwendeter Glasur und Zusammensetzung des Tons. Bei Steinzeug liegt der Brennbereich zwischen 1180 bis 1300 Grad. Während des Glasurbrandes schwindet und sintert das Werkstück nochmals. Durch Aufschmelzen der Glasur auf den Scherben erhöht sich die Dichtheit der Keramik. Absolute Dichtheit erreichen Sie nur mit Steinzeug. Ihr Fachgeschäft führt Dichtungsmittel, die Ihre Keramik absolut abdichten. Achten Sie unbedingt auf die Gebrauchsweisung!

Glasierte Scherben dürfen sich im Brennofen nicht berühren, da sie sonst an den Berührungspunkten zusammenschmelzen. Damit Ihr Scherben durch herabfließende Glasur nicht an der Ofenplatte anklebt, wird er auf Dreikantstäbe oder Metallstützen gestellt. An den Kanten herabgeflossene Glasur kann mit einem speziellen Schleifstein (siehe Werkzeuge) abgeschliffen werden.

Geben Sie, wenn Sie einen Brennofen besitzen, nie lediglich getrocknete Werkstücke in den Glasurbrand. Die Temperatur wird beim Glasurbrand schneller erhöht; der noch nicht gebrannte Ton würde springen.

Auch beim Glasurbrand soll der Ofen erst bei maximal 100 Grad ausgeräumt werden. Das Ausräumen ist immer ein spannender Moment. Lassen Sie sich nicht entmutigen, wenn im Schrüh- oder Glasurbrand Risse entstanden sind oder die Glasur nicht so ausgefallen ist, wie Sie sich das vorgestellt haben. Damit muß ein Töpfer leben.

> **Wichtig** Nach dem Brennen muß der Brennofen langsam abkühlen. Erst ab höchstens 100 Grad kann der Ofen ausgeräumt werden. Bei höheren Temperaturen sind die entstehenden Spannungen zu groß, und Risse können sich bilden. Im Gegensatz zum Glasurbrand dürfen sich die getrockneten Gegenstände beim Schrühbrand berühren. Sie können bedingt auch gestapelt werden. Im Brennofen stellt man auf Stützen Ofenplatten. So kann der Brennofen besser ausgenutzt werden.

In Wulsttechnik gearbeitete Vase mit typisch chinesischen Elementen

## Schnaupen

### Das Ziehen von Schnaupen am feuchten Gefäß

Geeignet für kleine Schnaupen. Der linke Zeigefinger und Daumen werden etwa 1 bis 2 Zentimeter unterhalb des Gefäßrandes als Stütze angesetzt. Mit dem rechten, gut angefeuchteten Zeigefinger oder dem kleinen Finger streichen und ziehen Sie zwischen den stützenden Fingern eine Schnaupe aus dem Ton.

### Das Ansetzen (Garnieren) von Schnaupen am lederharten Gefäß

Geeignet für größere Schnaupen. Aus einer Tonplatte schneiden Sie ein Dreieck und formen es zu einer Schnaupe. Nun passen Sie die Schnaupe leicht an das Gefäß an. Achten Sie darauf, daß die Schnaupe im Verhältnis zum Gefäß eine harmonische Größe besitzt. Sie können jetzt noch korrigieren. Sind Sie mit der Schnaupe zufrieden, dann zeichnen Sie die Umrisse ab. Schneiden Sie das angezeichnete Dreieck mit einer Zugabe von ca. 0,5 cm heraus. Die Schnaupe und das Gefäß an den zu verbindenden Teilen aufrauhen und schlikken. Nun garnieren Sie unter Druck die Schnaupe an.

Hier sehen Sie den fertigen Krug, mit gezogener Schaupe und gezogenem Henkel. Die kleine Schnaupe und der harmonisch geformte Henkel passen sich der Form des Kruges an.

Die Bildfolge dieser Seite zeigt, wie eine Schnaupe gezogen und angesetzt wird. Das letzte Bild zeigt den fertigen Krug.

**Wichtig** Ist der Henkel schon am Krug angebracht, dann achten Sie darauf, daß die Schnaupe genau auf der gegenüberliegenden Seite gezogen oder angarniert wird.

# Henkel

Der Henkel hat nicht nur eine wichtige Funktion (das Gefäß gut in der Hand zu haben), sondern ist auch ein dekoratives Element Ihres Gegenstandes. Es ist deshalb wichtig, daß der Henkel optisch einen schönen Verlauf hat und für das entsprechende Gefäß nicht zu dick oder zu dünn ist. Der Henkelbogen soll harmonisch verlaufen, nicht zu weit abstehend und nicht zu flach abgeknickt.
Der Henkelton sollte nicht zu weich sein. Es leidet die Standfestigkeit, der Henkel sackt ab. Ist der Henkelton zu trocken, läßt sich der Henkel schlecht ziehen; der Henkel reißt ab.

1. In die linke Hand nehmen Sie einen Klumpen Henkelton. Mit der rechten Hand ziehen Sie mit Hilfe von Wasser den Ton mit gleichmäßigem Druck senkrecht nach unten. Dies wiederholen Sie so lange, bis die gewünschte Dicke erreicht ist. Dieses Tonteil, Henkelstutzen genannt, soll dicker und kürzer sein als der noch zu ziehende Henkel. Schneiden Sie den Henkelstutzen an der dicksten Stelle gerade ab, rauhen Sie ihn mit einer Gabel auf, und geben Sie Schlicker auf die aufgerauhte Fläche.

2. Vor dem Ansetzen des Henkels ermitteln Sie mit Hilfe eines dünnen Stäbchens oder eines Lineals die genau gegenüberliegende Seite der schon gearbeiteten Schnaupe und markieren die Stelle. Rauhen Sie Ihr Gefäß dort auf, und geben Sie Schlicker auf diese Stelle.

3. Drücken Sie mit der rechten Hand den Henkelstutzen so fest auf den Ansatzpunkt, daß Schlicker herausquillt. Mit der linken Hand drücken Sie, wenn möglich, von innen dagegen.

4. Nun ziehen und formen Sie mit mäßigem Druck und angefeuchteten Fingern den Henkel verjüngend nach unten. Durch den Druck von Daumen und Zeigefinger können Sie den Querschnitt des Henkels bestimmen oder mit dem Daumen eine Rille in den Henkel drücken.

5. Finden Sie die richtige Form für den Henkel.

6. Rauhen Sie die untere Ansatzstelle am Gefäß und das Ende des Henkels auf. Schlickern Sie die aufgerauhte Stelle am Gefäß, und drücken Sie mit dem Daumen das Henkelende fest an. Wenn möglich, wieder von innen gegendrücken.

7. Achten Sie darauf, daß der Henkel gerade angebracht ist.

8. Verstreichen Sie mit einem Modellierstäbchen den oberen und den unteren Ansatzpunkt des Henkels.

9. Rauhen Sie beide Übergänge auf, und benetzen Sie die aufgerauhten Stellen mit Wasser. Legen Sie eine dünne Tonwurst um die Henkelansätze. Die Tonwurst danach fest andrücken und verstreichen, um einen harmonischen Übergang zum Gefäß zu erreichen.

**Die Bildfolge dieser Seite zeigt, wie ein Henkel gezogen, angesetzt und der Henkelansatz mit einem dünnen Tonwulst verstrichen wird.**

## Andere Henkellösungen

Henkel kann man auch mit einem Henkelschneider oder einer Modellierschlinge (siehe Werkzeuge Seite 7) aus vollem Ton schneiden. Rund oder oval sind möglich.
Befestigen Sie die Henkel immer wie bereits beschrieben. Achten Sie bei zwei Henkeln auf gleiche Formgebung und Länge. Messen Sie beide Ansatzstellen mit dem Lineal aus.

### Geschlungene Henkel

Mit dem runden Henkelschneider zwei Würste schneiden. Diese verschlingen. An den Berührungspunkten mit einem Modellierstäbchen beidseitig verstreichen. Von der Mitte nach außen die Henkellänge messen und abschneiden.

### Zusammengedrehter Henkel

Aus zwei Tonwürsten zusammengedrehter Henkel. Ist wie oben beschrieben zu verarbeiten.

### Geflochtener Henkel

Drei Würste mit einem Henkelschneider schneiden, eventuell mit gespreizten Fingern dünner rollen, etwas mit Wasser benetzen und flechten. Auf der Rückseite die Würste mit einem Modellierstäbchen verstreichen.

### Aus Platten hergestellte Henkel

Die Plattenstärke soll nicht dünner als 1 Zentimeter sein, eher etwas dicker. Probieren Sie Henkellösungen an Ihrem Gefäß aus. Sie können die Henkel mit Rillendruck versehen (siehe Seite 39). Auch Eindrücke mit einem Modellierstab sind möglich. Achten Sie beim Rillen und Eindrücken auf Gegendruck der anderen Hand, da sich der Henkel sonst verformt.

### Tips beim Henkeln

Beim Trocknen darauf achten, daß die Henkel einige Tage abgedeckt bleiben. Wichtig ist, im kühlen Raum zu trocknen, damit sich der unterschiedliche Feuchtigkeitsgehalt zwischen Henkel und Gefäß langsam ausgleichen kann.
Nie über den lederharten Zustand hinaus henkeln.

Die Bildfolge dieser Seite zeigt verschiedene Henkellösungen: geschlungener, aus Tonwülsten zusammengedrehter, geflochtener und aus Platten hergestellter Henkel.

# Deckel

## Der geschnittene Deckel ohne Falz

Diese Deckelart ist die einfachste. Der Deckel sitzt auf dem Gefäß, ohne daß Sie einen Falz einarbeiten müssen. Töpfern Sie eine geschlossene Form, zum Beispiel eine Kugel (siehe Seite 25). Lassen Sie die Form lederhart trocknen. Schneiden Sie in den lederharten Ton einen unregelmäßigen Deckel aus Ihrer Form.
Heben Sie den Deckel vorsichtig ab, versäubern Sie ihn innen mit einem Schaber oder Modellierholz. Streichen Sie die Gefäß- und Deckelkanten mit dem Finger oder Modellierholz glatt. Verwenden Sie so wenig Wasser wie möglich, da der Ton nur unnötig aufgeweicht wird. Legen Sie eine Klarsichtfolie locker über das Gefäßunterteil. Die Folie liegt auf den Kanten ohne Hohlräume auf. Setzen Sie den Deckel auf das Gefäß (die Folie verhindert das Zusammenkleben). Sie können den Deckel noch korrigieren, eventuell auch mit dem Klopfholz schlagen. Während Griffe oder Verzierungen an den Deckel garniert werden, ist es ratsam, den Deckel auf dem Gefäß zu lassen. Ist der Deckel fertig, wird er mit der Folie abgehoben. Die Folie wird entfernt, Deckel und Gefäß werden getrennt getrocknet.

## Der Deckel mit Falz

Mittleres Foto rechts: Arbeiten Sie eine etwa 8 cm hohe Röhre. (Die Arbeitsbeschreibung finden Sie auf Seite 20/21.) Die Deckelplatte wird durch Umstürzen der Röhre auf eine Tonplatte abgenommen. Lassen Sie die Deckelplatte etwas antrocknen, um ein Verformen während der weiteren Verarbeitung zu verhindern. Damit der Deckel richtig sitzt, muß er mit einem Falz versehen werden.
Der Falz verhindert, daß der Deckel vom Unterteil abrutscht. Aus einer Tonplatte wird ein Bändchen von etwa 1,5 bis 2 Zentimetern Breite geschnitten.
Nun werden das Bändchen und die Deckelinnenseite aufgerauht und geschlickert. Das Bändchen wird an die Deckelinnenseite gedrückt, ohne den Deckel zu verformen. Nun verstreichen Sie mit einem Modellierholz vom Falz zur Deckelinnenwand und vom Falz zur Deckelkante. Danach arbeiten Sie wie vorher beschrieben weiter.

## Aus der Platte gearbeiteter aufgelegter Deckel

Fertigen Sie Ihre Grundform und setzen Sie etwa einen Zentimeter unterhalb des Gefäßrandes innen einen Falz ein. Lassen Sie das Gefäß etwas mehr als lederhart trocknen.

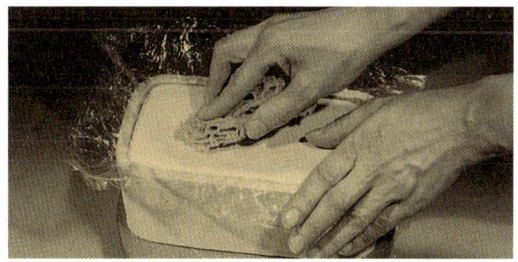

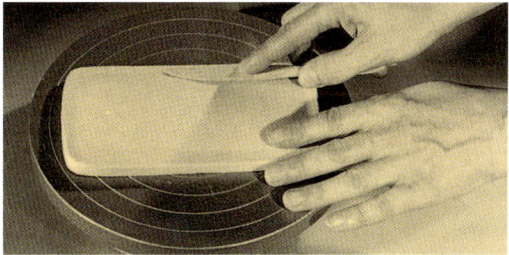

Die Bildfolge dieser Seite zeigt, wie aus einer Kugel ein Deckel geschnitten und ein Falz anmodelliert wird. Die beiden Abbildungen unten zeigen, wie ein aus Tonplatten hergestellter Deckel eingewölbt und der beim Einformen entstandene Knick mit dem Modellierholz verstrichen wird.

Aus der Tonplatte wird die Form des Deckels geschnitten. Die Deckelform kann durch Umstürzen des Gefäßes auf die Tonplatte abgenommen werden. Bedenken Sie, daß der Innendurchmesser des Gefäßes ausschlaggebend ist. Ihre Platte sollte aber etwa drei Millimeter größer sein als der Innendurchmesser. Bei größeren Deckeln kann etwas mehr zugegeben werden. Es empfiehlt sich, die Deckelplatte etwas größer zu schneiden. Über die Form wird locker Klarsichtfolie gelegt. Danach legen Sie die Tonplatte auf den Falz in das Gefäß. Die Deckelplatte muß nun größer als das Gefäß sein und gleichmäßig überstehen. Drücken Sie vorsichtig mit einem nassen Schwamm eine Vertiefung in die Deckelplatte (die Vertiefung ergibt die Deckelwölbung). Dabei rutscht die aufliegende Deckelplatte in das Gefäß und liegt auf dem Falz auf.

Die Deckelplatte steht jetzt an den Gefäßrändern an, ohne überzustehen (ist die Deckelplatte zu groß, wird sie mit der Folie herausgenommen und zugeschnitten). Drücken Sie oberhalb des Falzes die Deckelplatte mit viel Gefühl an, damit die Deckelplatte sicher auf dem Falz aufliegt. Die Deckelplatte wird nun gezielt mit dem Föhn so lange getrocknet, bis die Deckelplatte selbständig stehen kann. Der Abstand zwischen Gefäß und Deckel ergibt sich später durch den größeren Schwund des Deckels (der Deckel ist feuchter und schwindet deshalb mehr als das schon angetrocknete Gefäß). Dann heben Sie den Deckel mit der Folie aus dem Gefäß, und drehen Sie ihn um. Am Deckelrand ist ein Knick durch den Falz entstanden. Diesen Knick können Sie betonen oder so verstreichen, daß eine harmonische Wölbung entsteht. Danach wird der Griff (siehe Griffe) Ihrer Wahl angarniert. Das Gefäß und den Deckel getrennt trocknen lassen. Ist der Deckel getrocknet, so legen Sie ihn zur Kontrolle in das Gefäß (Vorsicht, nicht am Griff anfassen, Bruchgefahr). Eventuelle Ungleichheiten können Sie mit Schleifpapier (Vorsicht Bruchgefahr) ausgleichen.

## Griffe

Griffe haben eine schmückende und, von der Handhabung her, eine wichtige Funktion. Der Griff soll stilistisch zum Gefäß passen und es harmonisch ergänzen. Das Ansetzen von Griffen sollte im lederharten Zustand vorgenommen werden. Beim Angarnieren der Griffe beachten Sie bitte, daß beidseitig aufgerauht, geschlickert werden muß und der Griff unter Druck aufzusetzen ist (Schlicker muß herausquellen). Der Übergang vom Griff zum Gefäß wird mit einem Modellierholz verstrichen.

## Einige Grifflösungen

### Der Knopf

Formen Sie eine Kugel, und schneiden Sie diese unten gerade ab, oder setzen Sie einen Hals aus vollem Ton an. Die Kugel kann auch auf beiden Seiten mit dem Klopfholz nachgedrückt werden. Bei dickeren Knöpfen (Durchmesser über 1,5 Zentimeter) oder Knöpfen mit Hals muß von der Deckelunterseite zum Knopf durchgestochen oder mit einer Modellierschlinge ausgehöhlt werden. So kann der Knopf gleichmäßig trocknen.

### Das Band

Es kann gerade oder schräg aufgesetzt werden, symmetrisch oder asymmetrisch geschnitten sein. Das Band kann mit Rillen oder Abdrücken verziert werden.

### Sonstige

Der Griff kann aus Würsten geflochten, geschlungen oder gedreht werden.
Blätter und Blüten sind als Grifflösungen möglich. Eine moderne Grifflösung wäre: Ein Loch (Dreieck, Quadrat, Rechteck usw.) wird in die Mitte eines Deckels geschnitten. Von der Innenseite des

Die sechs gebräuchlichsten Grifflösungen

Deckels wird eine Halbkugel, etwa 1,5 Zentimeter größer im Durchmesser, dagegengesetzt und anmodelliert.

## Oberflächenverzierung

### Das Eindrücken von Rillen

Rillen finden Verwendung als Abschluß von Kanten und zur Verzierung von Henkeln und Griffen. Sie können auch die Mittellinie eines Blattes oder andere Linien eindrücken. Dies kann im feuchten oder lederharten Zustand vorgenommen werden. Hierzu benötigen Sie einen Naturschwamm und Ihren Daumen. Der feuchte Schwamm liegt unter dem Daumen, mit dem Zeigefinger führen Sie den Daumen entlang dem Gefäß, damit eine gleichmäßige, gerade Rille entsteht. Mit dem Daumen wird soviel Druck ausgeübt, daß eine Rille entsteht. Die andere Hand können Sie zur Abstützung gleichmäßig mit dem Daumen an der Innenseite des Gefäßes führen, um das Gefäß nicht zu verformen.

Ziehen Sie die Rille immer zu sich hin! Drehen Sie dabei das Gefäß regelmäßig, um es in einer guten Arbeitsposition zu haben. Ist der Schwamm zu trocken, waschen Sie ihn aus. Dann machen Sie mit dem Eindrücken der Rille weiter. Bei mageren Tonen sollte der Schwamm nicht zu naß sein und das Eindrücken öfters wiederholt werden, um die Rille tiefer zu bekommen. Die Körnung des Tons (die Schamotte) wird durch das Wasser ausgewaschen, die Rille wird sandig.

### Blätter

Hier drei Beispiele, wie man Blätter modelliert:

1. Aus einer Tonplatte wird eine Blattform geschnitten. Damit das Blatt natürlich aussieht, drücken Sie den Blattrand mit den Fingern etwas dünner, biegen und wölben ihn. Am Stielansatz schieben Sie den Ton etwas zusammen. Sie können feine Adern mit einem spitzen Modellierholz einritzen.

2. Sehr einfach ist die Methode des Blattabdrucks. Legen Sie auf eine angefeuchtete Tonplatte ein Blatt mit der erhabenen Seite nach unten, und rollen Sie mit dem Wellholz darüber. Ziehen Sie das Blatt ab, und schneiden Sie die Umrisse aus. Geben Sie, wie bei Punkt 1 beschrieben, dem Blatt eine natürliche Form.
Mit großen Blättern können Sie auf diese Art eine Blattschale fertigen. Dazu müssen Sie die Blatträder hochwölben und die Ränder zum Trocknen mit zusammengeknülltem Papier gut unterstützen.

Drei gerne verwendete Blattformen

3. Beim Abschaben einer großen Tonplatte mit einer Holzleiste oder einem Messer entstehen durch das Zusammenschieben des Tons interessante blattähnliche Formen. Drücken Sie mit den Fingern das Stielende etwas zusammen, und geben Sie dem Blatt eine harmonische Form.

Beim Angarnieren der Blätter darauf achten, daß die zu verbindenden Stellen aufgerauht, geschlickert, angedrückt und mit einem Modellierholz verstrichen werden müssen. Geschieht das alles nicht sorgfältig genug, können die angarnierten Teile wegen der schlechten Verbindung beim Trocknen oder Brennen abfallen. Damit das Blatt nicht steif auf der aufzubringenden Form liegt, garnieren Sie das Blatt, wenn möglich, nur im unteren Drittel an. Formen Sie das Blatt nach dem Angarnieren noch etwas nach. Liegt das Blatt auf der Grundform im oberen Bereich auf, wird es leicht anmodelliert.

**Wichtig** Unmodellierte Blätter und Blüten während des Trocknens mit Folie leicht abdecken.

Einige von vielen möglichen Blütenformen

## Blüten

Blütenkelche schneidet man aus runden Tonplatten, vertieft diese in der Mitte mit dem Zeigefinger oder Modellierholz und drückt von der Unterseite den Ton etwas zusammen. Die Blattränder zieht man mit angefeuchteten Fingern von der Mitte zum Rand hin dünner.

Sie können auch Blüten aus einzelnen Blütenblättern modellieren. Aus Tonkugeln formen Sie Tropfen. Diese werden mit dem Zeigefinger plattgedrückt, das Stielende mit Daumen und Zeigefinger zusammendrücken. Eventuell die Blattränder mit angefeuchteten Fingern dünner ziehen. Von innen nach außen Blatt für Blatt anmodellieren. Bedenken Sie, daß die Blütenblätter im unteren Teil beim Angarnieren aufgerauht, geschlickert, angedrückt und verstrichen werden müssen. Ist die Blüte fertig, so geben Sie den Blütenblättern mit einem kleinen Modellierholz etwas Schwung durch Wölben und Biegen. Die einfachste Form der Blüte stellt man aus einer Tonkugel her. In die Mitte der Tonkugel stechen Sie mit einem spitzen Modellierholz oder einem Bleistift ein- oder mehrmals ein. Die Blütenstiele werden aus einer Tonwurst gerollt. Beim Angarnieren der Stiele muß ebenso aufgerauht, geschlickert, angedrückt und mit dem Modellierholz verstrichen werden.

## Angarnieren von Bändern und Wülsten

Als Oberflächenverzierung eignen sich auch aufgesetzte Bänder oder Wülste, zum Beispiel als Randabschluß von Schalen, Auflaufformen oder Übertöpfen.

Markieren Sie auf einer Tonplatte die gewünschte Breite eines Bandes. Legen Sie ein Lineal oder eine Holzleiste an die Markierungen, und schneiden Sie das Band mit einem Messer aus der Tonplatte. Die Messerklinge muß im rechten Winkel gehalten werden, nur dann erhält das Band eine gleichmäßige Kante.

Mit einer Modellierschlinge können runde oder ovale Wülste geschnitten werden.

Wülste oder Bänder können mit einer Rille (siehe Seite 39) oder mit Abdrücken eines Modellierholzes verziert werden. Beim Angarnieren der Bänder oder Wülste immer beide zu verbindenden Teile aufrauhen, schlickern, andrücken und die Kanten mit einem Modellierholz verstreichen.

Verschieden verzierte Bänder und Wülste

## Verschiedene Eindrücke in den Ton

Sehr dekorativ sind die Eindrücke von Stoffen, Kordeln, Spitzen, Blättern und Gräsern in den feuchten Ton.

Mit einem Schwamm wird die einzudrückende Tonplatte oder das Gefäß angefeuchtet und der von Ihnen ausgewählte Gegenstand aufgelegt. Bei Tonplatten wird dann mit einem Wellholz darübergerollt. Bei allen anderen Werkstücken drücken Sie mit einem Plastikschaber den Gegenstand fest an. Dann heben Sie den eingedrückten Gegenstand ab. Der Abdruck muß im Ton ausgeprägt sichtbar sein.

Gute Gestaltungsmöglichkeiten sind durch Eindrücken von Holzkanten gegeben: Nehmen Sie eine Holzleiste oder ein Lineal in beide Hände, und drücken Sie eine Kante in den feuchten Ton. So können Sie verschiedene Muster, z.B. gleichmäßig fortlaufende oder fächerartige, erzielen. Durch verschieden starken Druck kann auch die Tiefe der Linien beeinflußt werden. Das Schlagen der Holzkante in den Ton ist ebenfalls möglich.

Einige von vielen Möglichkeiten, Verzierungen einzudrücken.

## Die Durchbruchtechnik

Bei manchen keramischen Gegenständen ist es erforderlich, daß Licht von innen nach außen durchscheinen kann. Die Oberfläche muß dann durchbrochen werden, weshalb diese Technik Durchbruchtechnik genannt wird.

Auf dem lederharten Tongefäß zeichnen Sie mit einer Stopfnadel die auszuschneidende Linie vor. Dabei kann hilfreich sein, wenn Sie sich eine Schablone anfertigen. Mit einem rechtwinkelig angesetzten spitzen und scharfen Messer oder einer Graviernadel schneiden Sie den Durchbruch aus. Eine einfache Methode der Durchbruchtechnik ist das Durchbohren. Mit einem Holz- oder Metallbohrer können Sie Löcher verschiedenster Durchmesser einbringen. Die Schnitt- oder Bohrkanten müssen anschließend mit dem Finger, Modellierholz oder einem feuchten Schwamm geglättet werden. Die Stege zwischen den Durchbrüchen sollten nicht schmaler als 0,5 Zentimeter sein, da sonst die Gefahr des Reißens beim Trocknen besteht. Trocknen Sie das durchbrochene Gefäß sehr langsam, bedecken Sie es deshalb locker mit Folie. Das Werkstück so stellen, daß keinesfalls dünne Stege das Gewicht des Werkstücks tragen müssen. Nach dem Trocknen sollten die Durchbrüche mit Schleifpapier nachgearbeitet werden.

Einige von vielen möglichen Formen bei Durchbrüchen

## Einritzen in den Ton

Das Einritzen mit kammartigen Werkzeugen ist schon seit der Jungsteinzeit bekannt. In dieser Technik gefertigte Stücke nennt man „Kammkeramik". Ziehen Sie einen Kamm über die lederharte Oberfläche, und strukturieren Sie diese nach Ihren Wünschen.

Ritzen Sie mit einem spitzen Gegenstand wie Modellierholz, Strick- oder Stopfnadel Muster oder Buchstaben in die lederharte Oberfläche. Das Einritzen dient auch als Begrenzung für die Engobenmalerei.

## Die Kratztechnik, auch „Sgraffito" genannt

Auf das lederhart getrocknete Gefäß wird Engobe (siehe unten) aufgetragen. Ist die Engobe angetrocknet, so können Sie mit einem Modellierholz oder einem spitzen Gegenstand die Engobe auskratzen. Es können auch verschiedenfarbige Engoben übereinander aufgetragen und dann unterschiedlich tief ausgekratzt werden. So entsteht ein mehrfarbiges Dekor.

## Das Einschneiden von Mustern oder Kerbtechnik

Lederharte Oberflächen werden mit einer Modellierschlinge oder einem spitzen Messer bearbeitet. Achten Sie darauf, daß die Wand- oder Plattenstärke dick genug ist, um mit der Modellierschlinge oder dem Messer Vertiefungen in den Ton schneiden zu können.

## Das Auswaschen der Körnung

Die Oberfläche eines grobkörnig schamottierten Tons kann mit Hilfe von Wasser und Schwamm so lange „ausgewaschen" werden, bis die Körnung deutlich hervortritt. Diese sandig-rauhe Oberflächenstruktur bleibt auch nach dem Glasurbrand erhalten.

## Die Engobe

Die Engobe ist ein dünnflüssiger Tonbrei mit wechselnden Tonfarben. Der Ton wurde aufgeschlämmt. Werden dem weißen Tonmehl (im Fachhandel erhältlich) Wasser und Oxide beigemengt, entsteht eine farbige Engobe.
Die wichtigsten Oxide dazu: 1 bis 3% Kobaltoxid ergibt die Farbe Hell- bis Dunkelblau. 2 bis 3% Kupferoxid ergibt die Farbe Hell- bis Dunkelgrün. 2 bis 16% Eisenoxid ergibt die Farbe Honiggelb bis Rotbraun. (Die Prozentangaben beziehen sich auf die Menge Tonmehl ohne Wasser.)

Nach sorgfältigem Umrühren der Mischung Tonmehl, Wasser und Oxid soll die Konsistenz der Engobe sahnig-flüssig sein. Im Fachhandel werden fertige flüssige Engoben in verschiedenen Farben angeboten.

Engobieren ist ein wichtiger Bestandteil der Oberflächengestaltung (siehe Sgraffito). Besonders oft findet man in der bäuerlichen Keramik den Beguß mit Engoben oder die Engobenmalerei.

## Die Verarbeitung von Engoben

Wichtig ist, daß die Engobe entweder auf feuchten oder lederharten Ton aufgetragen wird. Trockene oder geschrühte Werkstücke können nicht mehr engobiert werden, weil sie die Trocken- oder Brennschwindung schon hinter sich haben, während die feuchte Engobe noch schwindet. Die Engobe löst sich dann nach dem Trocknen von dem Gefäß. Engoben können gegossen oder mit einem breiten, weichen Pinsel aufgetragen werden.

Außerdem besteht die Möglichkeit, das Werkstück mit einem voll in die Engobe eingetauchten Pinsel anzuspritzen oder einen Schwamm in die Engobe einzutauchen und das Werkstück damit abzuwischen.

Eine andere Gestaltungsmöglichkeit ist das Betupfen der Oberfläche mit einem Schwamm: Schneiden Sie aus einem Schwamm eine runde oder vielleicht eckige Form, tauchen Sie den zugeschnittenen Schwamm in Engobe, und betupfen Sie Ihr Werkstück.

## Die Engobenmalerei

Die Engoben werden mit einem guten weichen Pinsel aufgemalt. Muster können Sie vorher einritzen und danach mit Engobe ausmalen. Auch schon mit Engobe begossene oder ganzflächig bestrichene Gefäße können mit Engobe bemalt werden. Üben Sie auf einer Tonplatte eine lockere, schwungvolle Pinselführung. Sollten Ihre malerischen Fähigkeiten nicht so ausgeprägt sein, so können Sie auch mit einem Malbällchen arbeiten.

---

**Wichtig** — Engobe nur auf feuchten oder lederhaften Ton auftragen!

In Wulsttechnik gearbeitete bäuerliche Gefäße mit Engobenmalerei

Mit dem Malbällchen gestaltetes Dekor

## Verzieren mit einem Malbällchen

Das Malbällchen hat an dem sich verjüngenden Ende ein Glas- oder Metallröhrchen, aus dem die Engobe austritt.

Die Konsistenz der Engobe darf nicht so dünn wie bei der Engobenmalerei sein. Sie kommt nicht selbständig fließend aus dem Malbällchen, sondern durch den Druck auf den Gummiball. Mit dem Malbällchen können Tupfen, Wellen oder auch kurze Striche aufgebracht werden. Die Engobe liegt erhaben auf dem Gefäß. Üben Sie zuerst auf einem Stück Ton, bevor Sie das Werkstück bearbeiten. Sollte Ihnen ein Fehler während des Malens unterlaufen, so lassen Sie die Engobe trocknen und kratzen sie später mit dem Messer vorsichtig ab.

## Das Rändern

Beim Rändern wird die Oberfläche mit querlaufenden Engobelinien verziert. Das wichtigste Arbeitsgerät dazu ist die Tischränderscheibe. Der Teller der Ränderscheibe ist auf Kugeln gelagert, sie dreht sich leicht, gleichmäßig und mühelos.

Stellen Sie Ihr Werkstück in die Mitte des Tellers. Mit der rechten Hand tauchen Sie einen weichen Malpinsel in die Engobe. Mit der linken Hand drehen Sie den Teller, während die rechte den Pinsel möglichst ruhig an das Werkstück hält. So kann das Werkstück rundum mit dicken oder dünnen Linien versehen werden. Die Schwierigkeit dabei ist, den Pinsel vollkommen ruhig zu halten; außerdem sollen sich Anfang und Ende der Linie treffen. Der Schwung der Ränderscheibe muß ausreichen, um die Linie durchgehend, ohne abzusetzen, zu ziehen. Das Rändern erfordert Übung. Stellen Sie ein Glas auf die Ränderscheibe, und üben Sie, bevor Sie Ihr getöpfertes Werkstück verzieren. Die Engobe kann von dem Glas wieder abgewaschen werden. Die Konsistenz der Engobe darf dabei nicht zu dick sein, da sich sonst Linien schlecht ziehen lassen. Ist die Engobe zu dünn, tropft sie leicht und ist beim Auftrag schwer zu kontrollieren.

Geränderter bäuerlicher Topf mit Deckel

Danach wird das Werkstück getrocknet und geschrüht. Die Engobe sieht nach dem Trocknen und dem Schrühbrand matt aus. Den Glanz bekommt sie erst durch die farblose oder honigfarbige Glasur (zum Beispiel Duncan AR694). Wenn Sie sich für die honigfarbene Glasur entscheiden, sollten Sie daran denken, daß sich die Farbe der Engobe verändert. Blaue Engobe wird zum Beispiel moosgrün. Auch bilden sich kleine braune Tupfen auf der Glasuroberfläche, was sehr reizvoll sein kann.

Klassisch geformtes
Gebrauchsgeschirr
in Wulsttechnik

## Das Einwachsen von Oberflächen

Volkstümliche Keramik bekommt mit dem Einwachsen der Oberfläche einen besonderen Reiz. Am besten eignet sich dazu roter oder dunkelbrauner Ton, dessen Oberfläche eventuell mit Engobe bemalt wurde.

Ihr geschrühter (oder vielleicht auch innen glasierter und gebrannter) Scherben wird mit farblosem oder honigfarbenem Wachs, z.B. Bienenwachs, ganzflächig überzogen. Im Töpferfachhandel werden Wachsbeizen in verschiedenen Farben angeboten. Nach dem Eintrocknen des Wachses polieren Sie die Oberfläche Ihres Werkstücks mit einer weichen Bürste oder einem Tuch.

Wird die Oberfläche eines Brottopfes mit Bienenwachs behandelt, so gibt sie dem Topf ein rustikales, natürliches Aussehen.

Mit Unterglasurfarbe bemaltes Hähnchen

Blüte in Majolikatechnik

Gefäße, die mit Flüssigkeiten gefüllt werden, können mit dieser Technik nicht behandelt werden.

## Das Auswischen des Werkstücks mit Oxiden

Nach dem Schrühbrand können unterschiedliche Eindrücke auf Ihrem Werkstück (siehe Seite 32) plastisch durch Auswischen mit Oxiden hervorgehoben werden.

Einige Oxide und ihre Farbergebnisse nach dem Glasurbrand:

Braunstein: Dunkelbraun
Kupfer: Grün – Schwarz
Kobalt: Blau

Verrühren Sie das Oxid mit Wasser (die Mischung sollte dünnflüssig sein). Damit streichen Sie anschließend die Oberfläche des Werkstücks mit einem weichen Pinsel ein. Nach dem Antrocknen der Oxidwassermischung wischen Sie mehrmals mit einem feuchten Schwamm die Oberfläche ab. Vergessen Sie nicht, den Schwamm häufig auszuwaschen. Die erhabenen Flächen werden heller, in den Vertiefungen bleiben die dunkleren Einfärbungen erhalten. Lassen Sie Ihr Werkstück trocknen, und glasieren Sie es danach mit einer transparenten Glasur.

## Unterglasurfarben, auch „Dekorfarben" genannt

Unterglasurfarben werden vom Fachhandel in einzelnen kleinen runden Näpfen als Pulver oder malfertig aufbereitet angeboten. Auch Malkästen mit vielen Farben sind im Handel. Die Farbpalette umfaßt etwa vierzig Dekorfarben, die untereinander mischbar sind.

## Die Verarbeitung

Unterglasurfarben werden unter die Glasur vor oder nach dem Schrühbrand aufgetragen. Die Farben werden mit Wasser angerührt und mit einem weichen, dünnen Pinsel aufgemalt. Das Malen mit Dekorfarben auf lederhartem oder feuchtem Ton hat den Vorteil, daß der Malpinsel besser rutscht. Die Dekorfarben werden durch den Schrühbrand fixiert, das Verwischen durch die aufzutragende Glasur ist dadurch ausgeschlossen.

Ein Bemalen mit Dekorfarben nach dem Schrühbrand ist ebenso möglich. Um die Haftung der Dekorfarben zu erhöhen, geben Sie etwas Dextrin in die Farbe. Große Flächen mit Dekorfarbe zu bemalen, ist wegen der sichtbaren Pinselstriche zu vermeiden.

Die vier nebenstehenden Spalten zeigen von links nach rechts Farbmuster für:
1. Transparentglasur
2. Mattglasur
3. Glanzglasur
4. Effektglasur

## Majolikatechnik

Bei dieser Technik malen Sie mit Majolikafarben oder mit Unterglasurfarben (lesen Sie die Gebrauchsanweisung der Unterglasurfarben). Auf einen geschrühten Scherben wird eine weiße Zinnglasur aufgebracht. Nach dem Trocknen der Glasur kann darauf mit Majolikafarben gemalt werden. Anschließend kommt Ihr Werkstück in den Glasurbrand.

## Aufglasurfarben

Wie der Name schon sagt, werden die Aufglasurfarben auf die glatte Glasur, also nach dem Glasurbrand, aufgetragen. Die Aufglasurfarben werden mit Wasser angerührt, oder sie sind malfertig aufbereitet. Mit einem weichen, dünnen Pinsel trägt man sie auf. Danach wird das bemalte Werkstück ein drittes Mal bei 700 bis 800 Grad Celsius gebrannt.

Arbeiten, die vor dem Glasieren auszuführen sind

Vor dem Glasurauftrag können Sie Ihren Scherben mit Schleifpapier oder einem Schleifstein bearbeiten. Dadurch läßt sich die Oberfläche glätten, und scharfe Kanten, z.B. am Gefäßboden, werden abgerundet. Auch lassen sich dann noch kleinere Korrekturen vornehmen, wie das Einpassen von Deckeln.

Wichtig ist, daß Sie grundsätzlich vor dem Glasieren den geschrühten Scherben von Staub, Fett oder Tonmehl befreien. Nur dann ist gewährleistet, daß die Glasur auf dem Scherben haftet. Waschen Sie das Werkstück unter fließendem Wasser ab. Dabei können Sie auch erkennen, wie porös der Scherben noch ist. Nach dem anschließenden selbständigen schnellen Trocknen des Werkstücks kann die Glasur aufgetragen werden.

## Was sind Glasuren?

Glasuren sind glasartige Überzüge auf dem Scherben, die ihn abdichten und verschönern. Das Aussehen der Glasur ist abhängig von der Brenntemperatur, der Tonfarbe und der Dicke der aufgetragenen Glasur. Man unterscheidet verschiedene Glasurarten. Hobbytöpfer werden vorzugsweise Steingutglasuren verwenden, deren Brennbereich zwischen 1020 bis 1080 Grad Celsius liegt. Seltener werden die höher zu brennenden Steinzeugglasuren von Hobbytöpfern verwendet. Sie haben einen Brennbereich von 1180 bis 1300 Grad Celsius, Temperaturen, die nicht jeder Brennofen erreicht. Durch diese hohen Temperaturen sintern die Gefäße und sind vollkommen dicht.

# Glasieren

Man unterscheidet zwei grundsätzliche Möglichkeiten des Glasierens.

### Erste Möglichkeit

Das Glasieren mit einer pulverfein gemahlenen Glasur, die mit Wasser aufbereitet und durch Schütten oder Tauchen auf den Scherben aufgebracht wird. Sie wird Schüttglasur genannt.

## Das Ansetzen des pulverisierten Glasurmehls

Richten Sie sich, wenn vorhanden, nach der Gebrauchsanweisung. Ansonsten setzen Sie einer nicht zu großen Menge Wasser unter ständigem Rühren Glasurpulver zu, bis ein dickflüssiger Brei entsteht. Dann verdünnen Sie diesen Glasurbrei vorsichtig mit Wasser so lange, bis die Glasur sahnig-flüssig ist. Diese Glasur wird nun mehrmals durch ein Glasursieb gestrichen, um Klümpchen zu vermeiden. Verwenden Sie die Glasur nicht sofort, oder bleibt nach dem Glasieren eines Werkstücks ein Rest übrig, geben Sie diesen zur Aufbewahrung in einen Plastikeimer mit fest verschließbarem Deckel oder in ein Glas mit Schraubverschluß. Wenn die Glasur länger steht, setzen sich die festen Glasurbestandteile am Boden ab. Es ist mühsam und zeitaufwendig, die Glasur vor der Verarbeitung wieder aufzurühren. Der Fachhandel bietet Stellmittel an, die ein Absetzen der Glasur verringern. Ein sorgfältiges Aufrühren der Glasur vor dem Glasieren ist aber trotz Stellmittel unbedingt notwendig. Die meisten Glasuren sind untereinander mischbar.

## Das Aufbringen der Glasur durch Schütten oder Tauchen

Gefäße werden zuerst innen glasiert. Schütten Sie in Ihr Gefäß Glasur. Während Sie das Gefäß gleichzeitig kippen und drehen, schütten Sie die Glasur gleichmäßig in den Glasurbehälter zurück. Es darf danach kein geschrühter Ton mehr sichtbar sein. Nach dem Antrocknen der Glasur innen wird die Außenseite des Gefäßes begossen. Dazu werden zwei Holzleisten auf eine weitausladende Schüssel gelegt und das Werkstück mit dem Boden nach oben auf die Holzleisten gestellt. Nun begießen Sie, vom Gefäßboden ausgehend, mit einem Becher oder einer Schöpfkelle das Werkstück. Die vom Gefäß abfließende Glasur wird in der Schüssel aufgefangen und kann wieder verwendet werden. Ist die Glasur angetrocknet, kann zu dick aufgetragene Glasur, oder Glasurtropfen, mit einem

Das Bild zeigt wie Schüttglasur außen geschüttet wird

Transparente Glasuren sind durchsichtige Glasuren. Die Tonfarbe scheint durch. Diese Glasuren können farblos oder mit Oxiden eingefärbt sein.
Matte Glasuren sind undurchsichtige Glasuren. Der Scherbengrund ist nicht sichtbar. Der Fachausdruck hierfür ist „deckend". Die Oberfläche der Glasur ist mehr oder weniger matt.
Glanzglasuren besitzen eine glatte, glänzende Oberfläche. Glanzglasuren können deckend, halbdeckend oder transparent sein.
Craquelé-Glasuren haben eine mit feinen gewollten Glasrissen überzogene Oberfläche. Diese beabsichtigten „Haarrisse" entstehen durch die unterschiedliche Ausdehnung von Glasur und Scherben. Die Haarrisse können durch Einreiben von Ruß in die Oberfläche noch hervorgehoben werden. Das Einfärben der Haarrisse durch in Wasser aufgelöste Oxide und nochmaligen Glasurbrand läßt den Effekt dauerhaft werden.
Bleihaltige Glasuren sind Glasuren, denen Bleioxid zugesetzt wurde. Für Gefäße, in denen Lebensmittel aufbewahrt oder verarbeitet werden, ist von diesen Glasuren aus gesundheitlichen Gründen unbedingt abzuraten.
Bleifreie Glasuren enthalten, wie ihr Name schon sagt, keine Bleiverbindungen und sind deshalb uneingeschränkt verwendbar.
Leicht und streng fließende Glasuren werden so genannt, weil ihr Fließverhalten während des Glasurbrandes unterschiedlich ist. Leicht fließende Glasuren erkennt man an Glasurtropfen am unteren Rand des Werkstücks nach dem Glasurbrand oder, wenn Sie einen Brennofen besitzen, an Glasurtropfen auf der Ofenplatte. Leicht fließende Glasuren sollten möglichst dünn aufgetragen werden. Bei streng fließender Glasur ist ein Ablaufen über den Gefäßboden hinaus nicht zu befürchten. Der Glasurbeschreibung können Sie alles Wichtige über das Fließverhalten entnehmen.

In Plattentechnik gearbeitete Phantasieschale mit geschütteter Streichglasur

trockenen, fettfreien Finger abgerieben werden. Vor dem Brennen soll der Gefäßboden mit einem feuchten Schwamm sauber abgewischt werden, damit die Glasurstützen während des Glasurbrandes nicht ankleben. Beim Tauchen wird das Werkstück in genügend vorhandene Glasur getaucht. Mit den Fingerspitzen halten Sie Ihr Werkstück am äußersten Bodenrand und tauchen es senkrecht in die Glasur. Nach dem Abtropfen der Glasur wird das Werkstück abgestellt. Dann werden die freigebliebenen Stellen mit einem in Glasur getauchten weichen Pinsel ausgetupft. Der Boden wird mit einem Schwamm abgewischt.

Bei großen, flachen und weitausladenden Gegenständen ist es wegen des Spannungsausgleichs sinnvoll, den Werkstückboden mitzuglasieren. Der glasierte Boden wird zum Glasurbrand auf Metallstützen gestellt, die nach dem Brand leicht vom Boden zu entfernen sind.

## Vorteile der Schüttglasur

Sie ist preiswert. Bei geübtem Umgang mit der Schüttglasur sind mehrere Scherben schnell zu glasieren.

## Nachteile der Schüttglasur

Länger stehende Glasuren müssen mühsam, trotz Stellmittel, aufgerührt werden. Kommen mehrere Glasuren für einen Scherben zur Verwendung, ist das Aufrühren besonders zeitaufwendig. Die Schüttglasur ist nicht so griffest wie Streichglasuren. Nicht griffest heißt, die Glasur löst sich bei Berührung ab oder bleibt an den Fingern mehr oder weniger kleben.

## Vorteile der Streichglasur

Sie sind leicht zu verarbeiten. Es ist kein Ansetzen oder Aufrühren der Glasur wie bei der Schüttglasur notwendig. Streichglasuren sind griffest; dies ist ein großer Vorteil, wenn Sie Ihre Keramik zum Brennen bringen müssen. Jeder Glasureffekt kann auch mit Streichglasuren erreicht werden.

## Nachteile der Streichglasur

Sie ist teurer als Schüttglasur. Auch benötigen Sie für das Bestreichen mehr Zeit als beim Überschütten oder Tauchen in Schüttglasur.

### Zweite Möglichkeit

Das Bestreichen des Scherbens mit einer streichfertig aufbereiteten Flüssigglasur.
Streichglasuren bietet der Fachhandel in 100-, 200- oder 500-Gramm-Dosen an. Die Glasur ist zur Verarbeitung fertig und benötigt keine längere Vorbereitung mehr. Es wird eine Vielzahl von Farben und Arten angeboten.

## Die Verarbeitung

Die Glasur ist im Döschen leicht aufzurühren oder zu schütteln. Streichglasuren werden mit einem mehr oder weniger breiten Pinsel zwei- oder dreimal, je nach Gebrauchsanweisung, aufgestrichen. Die Streichglasuren sind meistens untereinander mischbar.

## Effekte mit Glasuren

Dekorative Effekte erzielen Sie, wenn Sie ein bereits mit Glasur bedecktes Werkstück mit einer andersfarbigen Glasur überschütten, mit einem Pinsel bespritzen oder überstreichen. Mit Schüttglasur glasierte Scherben können nicht mit Streichglasuren überstrichen werden! Wenn eine Streichglasur zu dickflüssig zum Überschütten ist, kann sie mit Wasser verdünnt werden.
Schwenken Sie nach dem Überschütten mit Glasur das Werkstück, und lassen Sie die Glasur in die gewünschte Richtung fließen.
Durch Verblasen der geschütteten Glasur mit einem Strohhalm bringt man die Glasur in die gewünschte Richtung oder vermischt mehrere Glasuren miteinander.

## Aufsetzen von Kristallen

Im Fachhandel gibt es Kristalle in mehreren Farben zu kaufen. Diese werden auf die noch feuchte Glasur gezielt aufgesetzt oder darüber gestreut. Es entstehen verschieden große verlaufende Farbflecken. Die Kristalle nicht in der Nähe des Werkstückbodens aufsetzen (etwa 5 Zentimeter Abstand); es bilden sich sonst Glasurtropfen.

Effekte mit Glasur (von oben nach unten):
1. Überschüttete Kugel
2. Kleine Auflaufform mit am Boden aufgesetzten und eingebrannten Kristallen
3. Kugelvase mit übersättigter Kupferoxidglasur, die später mit weißer Glasur übergossen wurde

## Effekte mit übersättigten Kupferoxidglasuren

Schwarze Glasuren sind oft übersättigte Kupferoxidglasuren. Denn bei hohem Kupferoxidanteil färbt sich die Glasur schwarz. Bei geringerem aber wird sie grün. Dies ermöglicht beispielsweise wie folgt vorzugehen: Glasieren Sie Ihren Scherben zwei- bis dreimal je nach Gebrauchsanweisung mit übersättigter Kupferoxid-Streichglasur (Glasuren, siehe Seite 49). Danach übergießen oder überstreichen Sie die schwarze Glasur mit einer weißen oder farblosen Glasur. Diese aufgestrichene Glasur verdünnt nun die Kupferoxidglasur, und die überstrichenen oder übergossenen Stellen werden nach dem Glasurbrand mehr oder weniger grün (siehe Kugelvase unten).

Kugelvase, mit eigens eingefärbten Glasuren überschüttet

## Einfärben von Glasuren

Einer Streich- oder Schüttglasur können Oxide oder Karbonate zugesetzt werden. Für das genaue Abwiegen der Oxide benötigen Sie eine Präzisionswaage. Die Zusätze müssen in sehr kleinen Mengen, manchmal nur ein Gramm, ausgewogen werden. Die Oxide oder Karbonate sollten in die Glasur sorgfältig eingerührt werden.

Hier einige Anregungen für eigene Experimente, falls Sie sich Ihre Glasur selbst einfärben wollen:

*Die einzufärbende Glasur ist die Streichglasur „White-Matte" der Firma Duncan.*

2,5% Kobaltkarbonat ergibt ein kräftiges mattes Blau. 5% Kobaltkarbonat ergibt ein mattes Dunkelblau. Diese Blautöne wurden bei der Kugelvase oben verwendet.

3% Braunstein ergibt ein mattes Dunkelbraun.

*Die einzufärbende Glasur ist die Streichglasur „Ultraclear" der Firma Duncan.*

2% Eisenoxid ergibt eine transparente Honigfarbe. 5% Eisenoxid ergibt ein transparentes Mittelbraun.

5,5% Kupferoxid ergibt ein transparentes Grün.

Diese prozentualen Angaben können Sie nach oben oder unten verändern, je nachdem, ob Sie Ihre Glasur heller oder dunkler haben wollen. Glasuren, die mit Kobaltkarbonat, Braunstein oder Kupferoxid vermischt wurden, sind nicht geeignet für Gefäße, die mit Lebensmitteln in Berührung kommen.

Fertigen Sie geschrühte Plättchen, auf die Sie Glasurproben aufbringen. Mit einem brennbeständigen Markierungsstift können Sie auf der Rückseite die Glasur, Brenntemperatur, Glasurmischung oder sonstiges vermerken. Dann können Sie jederzeit auf besonders gut ausgefallene Glasuren zurückgreifen.

Ein zweiter Glasurbrand kann manchmal die Glasur zum Vorteil verändern. Die Gefahr der Rissebildung ist wegen der höheren Spannungen allerdings wesentlich größer. Besonders gefährdet sind große, flache und weitausladende Formen oder Platten.

Bei einem weiteren Glasieren nach einem vorherigen Glasurbrand sollten Sie folgendes beachten: Waschen Sie die fertig gebrannte Keramik mit heißem Wasser ab.

Die Wärme des heißen Wassers wird in der Keramik gespeichert. Dadurch läßt sich die aufzubringende Glasur leichter auftragen und trocknet schneller.

Effekte mit Glasur (von oben nach unten):
1. Halbring mit Goldauftrag
2. Schale mit perlmuttschimmernder Aufglasur
3. Weißgrundierte Platte mit eingebrannten Glassplittern

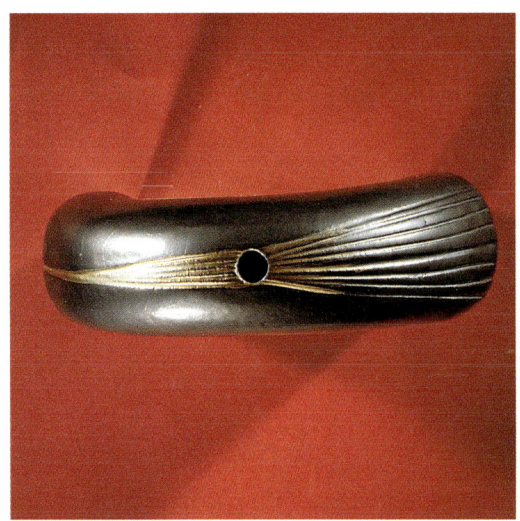

## Der Gelb- oder Weißgoldauftrag

Nach dem Glasurbrand kann die Keramik mit echtem Gold dekoriert werden. Die zu verzierende Keramik muß staubfrei sein. Das flüssige Gold wird mit einem guten, weichen und sauberen Pinsel zügig aufgetragen. Beachten Sie unbedingt die Gebrauchsanweisung. Ein kleines Fläschchen flüssiges Gold ist teuer, aber auch sehr ergiebig. Nach dem Dekorieren muß das Gold eingebrannt werden. Die Brenntemperatur von 540 bis 720 Grad Celsius liegt wesentlich niedriger als beim Glasurbrand. Ein erneuter Glasurbrand kann nicht vorgenommen werden, weil er die Golddekoration zerstört.

## Die Perlmutt-Aufglasur

Nach dem Glasurbrand kann die Keramik mit einer perlmuttschimmernden Aufglasur überzogen werden. Die Aufglasur wird dünn mit halbmondförmigen Pinselstrichen aufgetragen. Anschließend wird die Glasur bei 660 bis 685 Grad Celsius gebrannt. Nicht jede Glasur kann mit einer Aufglasur überzogen werden. Beachten Sie die Gebrauchsanweisungen!

## Aufbringen von Glas

Zerschlagen Sie Flaschen oder nicht mehr gebrauchte Gläser gleich welcher Farbe. Die Größe der Glassplitter kann bei etwa Streusplitt- bis Fünfmarkstückgröße liegen. Die Glassplitter dürfen nur auf einigermaßen waagrechte Flächen gebracht werden. Sie können mit dem Glasurbrand bei 1020 bis 1080 Grad Celsius aufgeschmolzen werden. Rote Glassplitter dürfen nicht über 1040 Grad Celsius gebrannt werden, da sie sonst ihre Farbe verlieren.

Gegenüberliegende Seite:
Schale mit Glasureffekten

# Plattentechnik

Plattentechnik

# Beige-braune Schale

*Vorausgehende Doppelseite: Leicht gewölbte beige-braune Schale mit gewelltem Rand*

Die Schale auf der vorangegangenen Doppelseite ist in Plattentechnik (Seite 16) gefertigt. Sie ist aus einer weißen Plattenmasse gearbeitet. Die Schamottekörnung beträgt einen Millimeter bei einem Schamotteanteil von 40%. Die Schale hat einen Durchmesser von 43 cm, eine Höhe von 5,5 cm und eine Standfläche von 12 cm. Schneiden Sie sich eine Platte mit einem Durchmesser von 46 cm. Formen Sie einen Stützring aus Papier. Die Tonplatte legen Sie mittig über den Stützring. Mit einem runden Plastikschaber formen Sie die innere Vertiefung ein. Nun biegen Sie den Rand der Schale leicht über den Stützring und formen ihn in unregelmäßigen Wellen. Lassen Sie die Schale trocknen, bis der lederharte Zustand erreicht ist. Danach schneiden Sie den Rand gebogt ab. Nach dem Schrühbrand glasieren Sie zuerst die geschwungene Mittellinie mit der Streichglasur FGM 13 schwarzbraun von Welte, die restliche Fläche mit der Streichglasur „White matte" von Duncan. Die hellbraune Farbe ergibt sich durch das Überstreichen von Weiß auf Braun. Die weißen Kreise auf der braunen Glasur entstehen durch das Aufsetzen weißer Kristalle. Der Rand ist auf der einen Seite mit brauner Glasur überstrichen. Nach dem Glasurbrand wird die weiße Fläche mit der Streichglasur 9346 antikweiß von Botz überglasiert und nochmals in einem Glasurbrand gebrannt. Brenntemperatur: 1030 Grad.

**Tip** Für die große Schale können Sie auch einen Ton mit geringerer Körnung von 0,5 mm und einem Schamotteteil von 45% verwenden.

# Geometrische Vase in Herbstfarben

*Geometrisch geschnittene erdfarbene Vase*

Diese Vase ist in Plattentechnik entstanden. Sie ist aus weißem Ton (1/40) getöpfert. Fertigen Sie sich Papierschablonen als Hilfsmittel. Die Grundfläche hat eine Länge von 11,5 cm und eine Breite von 7 cm; sie wird anschließend oval zugeschnitten. Die breiteste Stelle der Vase ist 20 cm, ihre Höhe beträgt 22 cm. Bis zur breitesten Stelle der Vase wird ein Tonkeil eingesetzt und anschließend rund geklopft, danach sind die zwei Tonplatten direkt miteinander verbunden. Der Vasenabschluß hat eine Länge von 12 cm, die breiteste Stelle mißt 2,5 cm. Sollten die zu verarbeitenden Tonplatten zu unstabil sein, dann lassen Sie die Platten vor dem Aufbauen etwas antrocknen. Im lederharten Zustand ritzen Sie die Oberfläche mit einem Kamm (Seite 42) und einer Stricknadel ein. Die warmen Brauntöne werden durch Überschütten der Streichglasuren „Spiced Honey" und „Rusty Amber" von Duncan mit den Streichglasuren FGE 6 aventurinbraun, FGE 10 kölschbraun und FGE 99 heliotrop von Welte erreicht. Brenntemperatur: 1050 Grad.

# Plattentechnik

# Drei Rahmen

Die abgebildeten Rahmen sind in Plattentechnik aus weißem Ton (1/40) gearbeitet. Der Spiegelrahmen hat eine Breite von 33,5 cm und eine Höhe von 32 cm. An der schmalsten Stelle mißt er 23 cm.

Als Verzierung sind Blüten und Blätter anmodelliert. Als Grundglasur dient die Streichglasur FGE 2 hellgrün. Auf die Blüten ist FGM 32 rosa, auf die Stiele und Blätter FGG 29 grün aufgetragen.

Der perlmuttfarbene Spiegelrahmen ist 18 x 22 cm groß. Er ist mit blätterartigen Ornamenten und eingedrückten Rillen (Seite 39) versehen und mit der Streichglasur FGE 25 perlmuttweiß bestrichen. Auf die Ornamente ist einmal FGE 102 metallgrün und FGG 30 blau aufgetragen. Alle Glasuren sind von Welte.

Der Bilderrahmen mit asymmetrischem Bildausschnitt hat die Maße 13 x 9 cm. Die Glasuren sind die gleichen wie oben beschrieben, bis auf FGE 102 metallgrün. Brenntemperatur: 1080 Grad.

**Tip:** Den Spiegelausschnitt 5 mm breit auf der Rückseite mitglasieren. Der unglasierte Ton ist sonst im Spiegel zu sehen!

Drei Beispiele für Spiegel- oder Bilderrahmen

## Plattentechnik

# Leuchter

Der schlicht in der Form gehaltene zweiarmige Leuchter ist aus weißem Ton (1/25) hergestellt. Die Standfläche besitzt einen Durchmesser von 8,5 cm und ist aus einer Platte gearbeitet. Am Kreisrand der Platte wird der Ton hochgebogen und etwas zusammengeschoben (Beschreibung auf Seite 18). Nun fönen Sie die Standfläche lederhart und schützen die Ansatzstelle der Leuchterarme mit Folie vor dem Austrocknen. Unterstützen Sie mit Papier die Standfläche, um später die Arme aufsetzen zu können, ohne daß die Standfläche in sich zusammensackt. Die Leuchterarme sind aus einem quadratischen Tonstreifen von 2 cm Stärke gearbeitet. Sie sind an den Seiten mit Rillen versehen (siehe Seite 39). Die Länge des Streifens beträgt 27 cm. Dieser wird als U auf ein Arbeitsbrett gelegt. Die längere Seite des Us ist 14,5 cm. Fönen Sie dann den Streifen. Die Ansatzstellen mit Folie abdecken. Setzen Sie das U auf die Standfläche. Die Kerzenteller haben einen Durchmesser von 6,5 cm und sind mit einer Rille verziert. Modellieren Sie die Teller an, und schmücken Sie den Kerzenleuchter mit Bändern. Der Leuchter ist farblich neutral mit der Streichglasur FGE 25 perlmuttweiß glasiert. Auf die Verzierungen ist die Glasur FGE 76 bronzeaufgestrichen. Beide Glasuren sind von Welte. Brenntemperatur: 1080 Grad.

Eleganter zweiarmiger Leuchter

 Sie können den Leuchter auch mit Blüten und Blättern verzieren!

## Plattentechnik

# Pflanzwanne

Die Pflanzwanne ist ein dekoratives Stück für Ihre Fensterbank. Sie ist in Plattentechnik (Anleitung Seite 16) aus weißem Ton mit 25% Schamotteanteil und einer Körnung von 1 mm hergestellt. Die Grundplatte hat die Maße 25 x 11 cm, die Höhe ist 10 cm. Nach dem Aufsetzen und Verstreichen der Platten wird eine Wölbung an der Gefäßwand mit einem rund gebogenen Plastikschaber eingearbeitet. Achten Sie auf ein gleichmäßiges Auswölben der Platten. Nach oben verjüngt sich die Gefäßwand leicht. Der Rand biegt sich wieder etwas nach außen. Messen Sie die Einschnitte am Gefäßrand und schneiden Sie sie mit einem spitzen Messer sorgfältig aus.

Mit dem Modellierholz drücken Sie die Längsrillen ein und verstreichen sie mit einem Finger. Die Pflanzwanne ist einmal mit einer weißglänzenden Streichglasur von Wolbring bestrichen. Danach ist zweimal die Streichglasur FGE 25 perlmuttweiß von Welte aufgetragen. Brenntemperatur: 1080 Grad.

**Tip** Die perlmuttfarbene Glasur FGE 25 zeigt die schönste Oberfläche bei einer Brenntemperatur von 1080 Grad. Niedriger gebrannt wirkt sie stellenweise matt.

**Pflanzwanne für die Fensterbank**

 Plattentechnik

# Kontraste

Diese moderne Schale ist in Plattentechnik getöpfert. Die Tonart ist weiß (0,5/45). Sie hat einen Innendurchmesser von 15,5 cm. Der breite Rand mißt 7,5 cm, die Höhe 6 cm. Die Schale ist dreimal mit der Streichglasur „Blue White" von Duncan glasiert. Auf dem Rand ist sie mit der Streichglasur FGE 27 metallicschwarz von Welte beschüttet. Diese Glasur ist eine übersättigte Kupferoxidglasur, deshalb entsteht an den Rändern zur weißfarbenen Glasur der grüne Übergang (siehe Seite 50). Brenntemperatur: 1050 Grad.

Diese Schale ist ebenfalls in Plattentechnik aus dem gleichen Ton gearbeitet. Das Innenmaß beträgt 24 cm, das Außenmaß 29 cm und die Höhe 4 cm. Die Ecken der Schale werden im lederharten Zustand abgeschnitten. Glasiert ist die geometrische Schale mit den Streichglasuren von Duncan, „Blue White" und „Really Black". Zeichnen Sie sich vor dem Glasieren die Linien mit dem Bleistift vor. Achten Sie darauf, daß die Glasuren so wenig wie möglich überlappen. Brenntemperatur: 1030 Grad.

**Zwei Beispiele für Schalen mit abstraktem schwarz-weißem Dekor**

## Plattentechnik

# Abstrakte Uhr

Die Uhr ist aus drei dreieckigen Platten aus weißem Ton der Körnung 1 mm und einem Schamotteanteil von 45% gearbeitet. Die Standfläche der Uhr ist vorne und hinten 30 cm und an der Seite 19 cm. Die Höhe ist 17 cm. Am besten, Sie fertigen Schablonen der Seiten. Die geschnittenen Tonplatten lassen Sie etwas antrocknen, damit sie stabil genug für das Aufbauen sind. Alle zu verbindenden Kanten schrägen Sie mit einem Messer ab. Zuerst verbinden Sie die zwei langen Kanten und fügen dann das kleine Dreieck ein. Klopfen Sie die Kanten. Unten bleibt die Standfläche offen, damit das Uhrwerk leicht einzubauen ist. Möchten Sie Ihre Uhr mit Ziffern versehen, dann markieren Sie diese mit Hilfe einer Schablone in den feuchten Ton. Die Ziffern können Sie mit einem Modellierholz in den Ton ritzen oder mit einem kleinen runden oder eckigen Gegenstand in den feuchten Ton drücken. Ein Angarnieren von Ziffern ist in diesem Fall nicht möglich, da die Differenz zwischen Tonplatte und Zeiger zu gering ist. Es ist sinnvoll, die genauen Maße des Uhrwerks, der Zeiger und des Mittellochs vor dem Fertigen der Schablonen festzulegen. Rechnen Sie die Schwindung des Tons mit ein! Ist der Ton lederhart getrocknet, dann bohren Sie das Mittelloch. Die Streichglasur „Blue White" von Duncan ist dreimal außen und einmal innen aufgetragen. Brenntemperatur: 1030 Grad.

**Tip** Das Uhrwerk und die Zeiger können Sie im Fachhandel oder in Bastelgeschäften kaufen.

Weiße Dreieckspyramide als Uhr

## Plattentechnik

# Zwei Dekoplatten...

Die in der Form **abstrakt gehaltene Dekorplatte** ist aus weißem Ton der Sorte 0,5/45 gefertigt. An der breitesten Stelle mißt sie 12 cm und an der längsten Stelle 25 cm. Auf der Platte sind unterschiedliche Strukturen aufgebracht. Unter dem orangen Dreieck ist der Ton mit einer Schlinge abgezogen. Der spitz zulaufende weiße und schwarze Tonkeil ist mit der Kante eines Lineals strukturiert. Unter dem rot glasierten Teil entsteht die unregelmäßige Oberfläche durch Zusammenschieben des Tons mit einer Holzleiste. Die halbrunden Ringe sind mit einem Glasrand eingedrückt. Auf der Dekorplatte sind folgende Glasuren: Weißglänzend von Wolbring, „Really Black" und „Tangerine" von Duncan, FGG 23 rot und FGE 23 mittelgrün von Welte. Im blauen, spitzen Dreieck ist blaues Glas eingelegt und mitgebrannt.
Brenntemperatur: 1030 Grad.

Das **orientalische Wandbild** ist aus weißem Ton der Sorte 0,5/40 getöpfert. Das Bild hat eine Breite von 18,5 cm und eine Höhe von 15,5 cm. Aus einer Tonplatte schneiden Sie die Bildplatte aus. Entwerfen Sie selbst auf Papier ein Motiv oder pausen Sie ein Bild auf Pergamentpapier ab. Das Papier legen Sie glatt auf die Tonplatte. Mit einem Bleistift oder Modellierholz drücken Sie die Linien nach. Nun ziehen Sie das Papier ab. Die Fenster werden mit einem Modellierholz eingedrückt.

Das fertiggestellte Wandbild lassen Sie zwischen zwei Spanplatten trocknen (siehe Seite 10). Vor dem Glasieren sind einige Fenstereindrücke mit einer gelben Dekorfarbe auszumalen. Das Wandbild ist mit folgenden Streichglasuren von Welte bemalt: Der Himmel mit FGM 38 capriblau, einige Häuser und ein Teil der Mauer mit FGG 50 gerberagelb, andere Häuser mit FGM 22 sandfarben und FGG 12 weiß. Daneben sind Türbogen und der andere Teil der Mauer mit „Antique Mint", Kuppeln und Türme mit „Blue Iris" von Duncan bemalt. Auf die gelbe Dekorfarbe ist die farblose Glasur „Ultraclear" von Duncan aufgetragen. Der Himmel ist schattiert mit „Blue Iris" von Duncan. Die Glasuren nicht überlappend auftragen! Wolken erzielt man durch Aufsetzen von weißen Kristallen.
Brenntemperatur: 1050 Grad.

**Wanddekor mit verschieden strukturierter Oberfläche**

 **Tip** Unterlegen Sie das Glas mit einer weiß glänzenden Glasur.

Plattentechnik

# abstrakt und orientalisch

Lichter Blickfang fürs Heim

## Plattentechnik

# Spardosen...

**Der Radioempfänger** ist aus Platten hergestellt. Er ist aus feinschamottiertem weißen Ton (0,2/25) getöpfert. Die Außenmaße sind 10,5 x 12 cm, seine Tiefe ist 6 cm. Zuerst schneiden Sie sich aus einer Tonplatte Vorder- und Rückwand. Verbinden Sie beide Wände ringsum mit einem 6 cm breiten Tonstreifen. Mit einer vorne abgerundeten Modellierschlinge schneiden Sie ein Band und setzen es um die Kante der Vorderwand. Ein zurückversetzter, an den Seiten abgeschrägter Tonstreifen und Füßchen bilden die Standfläche. Knöpfe und Lautsprecher sind aufgesetzt, Linien sind mit einem Modellierholz eingedrückt. Außerdem ist mit einer Modellierschlinge der Geldschlitz ausgeschnitten. Die Streichglasuren sind: „Really Black", „Golden Yellow" und „Rocket Red" von Duncan. Brenntemperatur: 1050 Grad.

**Der farbenfreudige Autoskooter** ist ebenfalls aus Tonplatten in der gleichen Art wie vorher beschrieben geformt. Die Grundfläche mißt 9,5 x 13 cm, die Ekken sind vorne mehr und hinten weniger abgerundet. Die Höhe beträgt 6 cm. Die Tonplatten sind in Form gebogen. Rund um das Auto ist eine Tonschnur anmodelliert.
Der Geldschlitz ist mit einer Modellierschlinge ausgeschnitten. Der Autoskooter ist mit den Streichglasuren „Blue Iris", „Really Black", „Rocket Red" von Duncan und FGG 52 kanariengelb von Welte glasiert. Brenntemperatur: 1050 Grad.

**Die Musikbox** ist wie vorher beschrieben aus dem gleichen Ton und in der gleichen Technik gearbeitet. Die Rückseite mißt 11 x 17 cm. Die Standfläche hat eine Tiefe von 7 cm. Auf die Rückseite sind bogenförmig die Platten aufgesetzt. Die Box wurde mit einem Boden versehen und oben mit einer Tonplatte abgeschlossen. Die Vertiefungen sind mit einem kleinen Ball, einem Förmchen und einem Modellierholz eingedrückt. Die Musikbox ist mit Bändern, die in die Rillen eingedrückt sind, verziert. Mit einer Modellierschlinge wird der Schlitz eingeschnitten. Die Glasuren sind dieselben wie bei dem Autoskooter, zusätzlich wurde an den Bändern FGE 76 bronze von Welte verwendet. Brenntemperatur: 1050 Grad.

Die Überraschung für Sparsame und Verspielte

## Plattentechnik

# für Popfreunde

## Plattentechnik

# Bräter

Dieser bäuerlich gehaltene Bräter eignet sich hervorragend für die Zubereitung von Speisen im Backofen. Es ist allerdings zu beachten, daß der Bräter nicht auf die heiße Herdplatte gestellt werden darf. Er ist aus weißem Ton, auch Plattenmasse genannt (1/40), gearbeitet. Die ideale Technik für diese Form ist die Plattentechnik (die Beschreibung finden Sie auf Seite 16 und 17). Der Bräter ist 42 x 30 cm groß. Die Höhe einschließlich Deckel beträgt 18 cm. In diesem Bräter ist ein Falz angebracht, der den Deckel hält. Der dekorative Deckel ist über eine Schale geformt (die Anleitung zum Überformen finden Sie auf Seite 26). Es ist auch ein aufgelegter Deckel (Seite 37) möglich. Als Dekoration ist ein mit einer Schlinge geschnittener und durch Eindrücken eines Modellierholzes verzierter Wulst anmodelliert. Den Deckel schmückt ein Griff (Seite 38), der ebenfalls mit einem Modellierstäbchen verziert worden ist. Die bäuerliche Form des Bräters eignet sich auch hervorragend zum Bemalen oder Grundieren mit Engobe. Auf die grundierte Engobe kann dann mit einer andersfarbigen Engobe gemalt werden oder es kann mit einem spitzen Gegenstand die Engobe ausgekratzt werden (Sgraffito). Wenn Sie Ihren Bräter mit Engobe verzieren, glasieren Sie mit einer farblosen Glasur (Ultraclear) oder einer honigfarbenen Glasur (Spiced Honey). Beide Glasuren von Duncan. Der untere Teil des abgebildeten Bräters ist mit der Streichglasur Rauchtopas von Wolbring einmal bestrichen. Darüber liegt dreimal die Streichglasur „Toffee" von Duncan, ebenso auf den übrigen Teilen des Bräters. Beide Glasuren sind bleifrei.
Brenntemperatur: 1030 Grad.

Bäuerliche Tradition wird mit diesem Bräter neu belebt

## Plattentechnik

# Auflaufformen

Die abgebildeten Auflaufformen können Sie wie vorher beschrieben im Backrohr, aber auch in der Mikrowelle verwenden. Sie sind in gleicher Technik aus Plattenmasse gefertigt. Das obere Bild zeigt zwei Formen, die größere Form hat eine Standfläche von 26 x 16 x 8 cm, die kleinere Form von 18 x 9,5 x 6 cm. Sie sind mit einem gedrückten Wulst (Seite 41) versehen. Innen sind die Formen zweimal mit „Spiced Honey" und einmal mit „Toffee" von Duncan glasiert. Außen ist FGG 29 grün von Welte aufgetragen. Die Innenflächen sind außerdem mit Grün bespritzt (Effekte mit Glasuren Seite 50).

Das untere Bild zeigt eine oval gehaltene Auflaufform, deren Maße sind einschließlich Henkel 42 x 22 x 8 cm. Dieser schlichten Form ist ein geflochtener Henkel (Seite 36) angesetzt. Innen ist die Auflaufform mit „Toffee" bestrichen. Außen ist 5351 Farn von Uhlig aufgetragen. Alle aufgeführten Glasuren sind bleifreie Streichglasuren. Brenntemperatur: 1030 Grad.

**Tip** Achten Sie bei der Auswahl des Tons auf einen Schamotteanteil von 40% bis 45%!

Ovale und rechteckige Variante für Auflaufformen

## Plattentechnik

# Bäuerliche Formen

Die zwei abgebildeten Formen sind aus Tonplatten getöpfert. Das Sieb ist aus einem roten Ton (1/25) hergestellt. Der Außendurchmesser beträgt 23 cm, die Höhe 10,5 cm. Fertigen Sie zuerst die Siebform und setzen Sie danach auf den Boden einen Tonstreifen von zwei Zentimetern, der als Standfläche dient. Fönen Sie die Standfläche, damit das Sieb stehen kann. Danach beulen Sie mit einem Plastikschaber den Siebboden ein. Die Sieblöcher werden mit einem Steinbohrer musterartig in das lederharte Sieb gebohrt (Seite 40). Das Sieb ist dreimal im Glasurbrand gebrannt und erreicht dadurch die interessante Farbgebung. Hierzu die verwendeten Streichglasuren: Rauchtopas von Wolbring, dann FGE 72 malachit, FGM 22 sandfarben, FGG 29 grün von Welte. Die Auflaufform mit Deckel ist aus weißem Ton gearbeitet. Ihre Maße einschließlich Henkel: 28 x 12 x 11,5 cm. Die Henkel und der Griff sind aus Tonplatten mit eingedrückter Rille (Seite 39) gefertigt. Der Deckel ist ein aufgelegter Deckel (Seite 37). Innen ist die Form mit FGM 22 sandfarben von Welte und außen mit „Antique Blue" von Duncan glasiert.
Brenntemperatur: 1080 Grad.

Sieb und Auflaufform mit Deckel für den Küchenalltag

## Plattentechnik

# Für Küche und Keller

Die Auflaufformen sind in Plattentechnik aus rotem Ton der Sorte 1/40 gearbeitet. Die rechteckige Form, die sich bestens für die Zubereitung von Lasagne eignet, mißt 34 x 26 x 10 cm. Die andere Form ist ideal für Speisen, die in Flüssigkeiten gegart werden. Die gezogene Schnaupe (genaue Anleitung Seite 34) dient zum Ausgießen von Saucen. Die Maße der länglichen Form: 28 x 11 x 8 cm. Verziert ist sie mit einer gedrückten Rille (siehe Seite 39) und einem aus Platten geschnittenen Henkel. Der rechteckigen Form ist ein gedrückter Wulst angesetzt (Seite 41). Glasiert ist die Auflaufform mit den Streichglasuren: FGE 74 steingrau von Welte (zweimal) und darüber „Spiced Honey" von Duncan (einmal). Die Auflaufform mit der Schnaupe ist außen mit den gleichen Glasuren bestrichen. Innen ist sie mit der Streichglasur FGE 72 malachit von Welte glasiert. Über die Ränder der Formen ist einmal die Streichglasur Rauchtopas von Wolbring aufgetragen. Bedenken Sie, daß die angegebenen Glasuren auf einem weißen oder schwarzen Ton farblich anders ausfallen. Brenntemperatur: 1050 Grad.

Für Backofen wie Mikrowelle geeignet: Auflaufform zum Überbacken

## Plattentechnik

# Namensschild...

Das Namensschild zeigt einen bäuerlichen Ortskern. Es ist aus weißem Plattenton (1/40) gearbeitet. Die Maße des Schildes: 40 x 29 cm. Zuerst schneiden Sie die Grundform aus einer Tonplatte. Fertigen Sie sich Schablonen der Häuser, Bäume und der Kirche an, und finden Sie die richtige Anordnung auf der Grundform. Erst dann schneiden Sie aus dünnen Tonplatten die anzumodellierenden Formen aus. Verbinden Sie die Formen mit der Grundplatte. Die Muster in den Dächern und Bäumen sind mit verschiedenartigen Netzen eingedrückt. Mit dem Modellierkant- und Rundholz erhalten die Fenster, Türen und der Name Vertiefungen. Das Namensschild ist mit Streichglasuren bestrichen: Weiß glänzend von Wolbring, FGM 22 sandfarben, FGG 23 rot, FGG 14 honiggelb, FGE 68 manganbraun und FGG 50 gerberagelb. Die Wiese: FGE 2 hellgrün. Der Name: FGE 76 bronze. Die Baumkronen: FGG 10 flaschengrün, FGE 23 mittelgrün und FGE 72 malachit. Der Zwiebelturm: FGE 3 kupfergrün. Alle Glasuren außer der ersten von Welte. Der Himmel: „Blue Denim" von Duncan.
Brenntemperatur: 1030 Grad.

Die ganz persönliche Visitenkarte am Hauseingang

**Tip** Die günstigste Brenntemperatur für rote Glasuren liegt bei 1030 Grad.

Plattentechnik

# als Visitenkarte

# Röhrentechnik

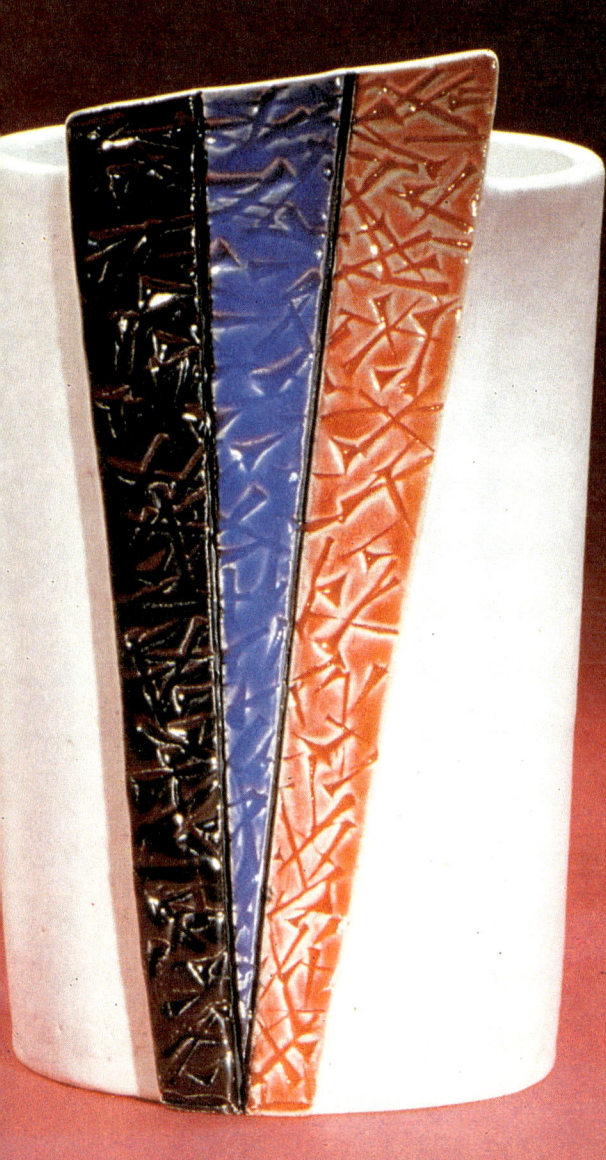

# Röhrentechnik

# Drei Vasen

**Vorausgehende Doppelseite:
Drei Vasen mit modernem Styling**

Die drei modern gehaltenen Vasen der vorausgehenden Doppelseite sind in Röhrentechnik (genaue Beschreibung Seite 20 und 21) getöpfert. Sie bestehen aus weißem Ton (1/25). Die erste Vase von links hat eine Standfläche von 7 cm Durchmesser und eine Höhe von 22 cm. Als Verzierung ist eine schräge Rille mit einem Modellierholz eingedrückt. Sie trennt die Streichglasurfarben „Blue White" und „Really Black" von Duncan. Das sich verjüngende Band ist aus einer Platte geschnitten. Mit einem Lineal sind Rillen eingedrückt. Danach wird das Band um den Rand und 10 cm entlang der schrägen Rille angesetzt. Das Band ist mit der Streichglasur FGG 50 gerberagelb von Welte glasiert.

Die zweite Vase von links hat eine Standfläche von 7 cm Durchmesser und eine Höhe von 25 cm. Das gelb glasierte Teil mißt an der breitesten Stelle 14 cm und an der höchsten 12 cm. Die schrägen Verzierungslinien sind mit der Kante eines Lineals in eine schon in Form geschnittene Tonplatte gedrückt. Die Rückseite hat die gleiche Form. Die abgerundeten Kanten sind, bis auf die Vasenöffnung, verbunden. Das untere, offene Teil ist über die Röhre gestülpt und dann anmodelliert. Die dritte Vase ist im Stil der Sechziger Jahre. Die Tonröhre hat einen Durchmesser von 9 cm und wird dann flachgedrückt. Die Höhe einschließlich der Verzierungen ist 18 cm. Aus einer Tonplatte wird das Verzierungsteil geschnitten und anschließend mit einem rechteckigen Holz unterschiedlich eingedrückt. Dann wird das Teil mit zwei Linien versehen, an die Röhre gedrückt und anmodelliert. Die weiße und die schwarze Glasur sind dieselben wie vorher beschrieben. Außerdem sind die Streichglasuren „Blue Iris" und „Tangerine" von Duncan aufgetragen. Brenntemperatur aller Vasen: 1030 Grad.

**Tip** Legen Sie dünne Folie auf den Ton, bevor Sie die Tonteile mit Eindrücken versehen. Damit erzielen Sie saubere Konturen!

# Zarte Väschen

**Das besondere Mitbringsel: Hauchdünne Väschen**

Beide Väschen sind in gleicher Technik und dem selben Ton wie bei „Drei Vasen" beschrieben gearbeitet. Die linke Vase hat einen Bodendurchmesser von 5 cm und eine Höhe von 10 cm. Die Röhre ist zwischen den nassen Fingern unregelmäßig nach außen gezogen. Es entsteht dadurch bei beiden Väschen ein dünner Rand. Die rechte Vase hat ein spitzes gleichschenkliges Dreieck als Standfläche. Die Maße sind: Schenkellänge 12 cm, Basis 5 cm und Höhe 16 cm. Wegen der dreieckigen Standfläche wird die als Hilfe beim Aufbau verwendete Papröhre (Seite 20) nur als Stütze benutzt. Beide Vasen sind mit den Streichglasuren FGG 9 schwarz und FGG 16 zirkonweiß stellenweise überlappend glasiert. Beide Glasuren sind von Welte.
Brenntemperatur: 1030 Grad.

## Röhrentechnik

# Bizarre Formen

Die drei Röhrenvasen (genaue Beschreibung der Technik Seite 20 und 21) sind aus weißem Ton der Körnung 1 mm und einem Schamotteanteil von 40% hergestellt. Ebenso die kleine unten abgebildete Vase. Die schwarze extravagante Vase hat eine Höhe von 37,5 cm, ihre Standfläche einen Durchmesser von ungefähr 6 cm und die Vasenöffnung einen Durchmesser von 3 cm. Zuerst fertigen Sie eine Tonröhre mit einem Durchmesser von 5 cm, auf die Sie Tonstreifen ansetzen. Die Röhre verjüngen Sie nach oben, indem Sie Tonkeile ausschneiden und die Kanten wieder verbinden. Um die Vasenöffnung modellieren Sie einen Kragen, der zur Röhre hin verlaufend, verstrichen wird. Die Vase ist mit der Streichglasur „Really Black" von Duncan glasiert. Auf die zwei schwarzweißen Vasen sind die Streichglasuren FGG 9 schwarz und FGG 44 craqueléweiß von Welte aufgestrichen.

Die Röhrenvase mit der schräg abgeschnittenen Vasenöffnung hat eine Höhe von 46 cm. Die Standfläche mißt an den breitesten Stellen 18 x 11,5 cm. In der Mitte der Standfläche ist die Tonröhre aufgesetzt. An die Röhre sind nach oben hin sich verjüngende Tonstreifen anmodelliert. Die Röhre drehen Sie etwas und drücken sie im oberen Teil zusammen.

Die dritte Vase besitzt eine Höhe von 34 cm und eine Standfläche von 10 x 9 cm. Bei dieser Vase sind ebenfalls sich verjüngende Streifen an die Tonröhre angesetzt, und die Vase ist in sich gedreht. Um die Vasenöffnung ist ein gewellter Tonstreifen modelliert. Die kleine Vase unten ist 11 cm hoch und hat einen Bodendurchmesser von 5,5 cm. Die Röhre ist auf vier Seiten nach innen gedrückt. Es sind dieselben Glasuren wie vorher beschrieben aufgetragen. Der schwarzweiße Effekt entsteht durch überlappen von Schwarz auf Weiß. Brenntemperatur für alle Vasen: 1050 Grad

Auf dieser Doppelseite: Vier Beispiele für individuell gestaltete Vasen

**Tip** Das beste Ergebnis bei Craquelé-Glasuren erreichen Sie bei einer Brenntemperatur von 1050 Grad.

## Röhrentechnik

# Elegante Vasen

Die effektvolle schwarzgoldene Vase ist in Röhrentechnik (genaue Beschreibung auf Seite 20 und 21) aus rotem Ton (1/25) entstanden. Der Bodendurchmesser beträgt 5 cm, die Höhe 14 cm. Die Röhre ist an drei Seiten nach innen gedrückt. Der Rand ist zwischen nassen Fingern dünn nach außen gezogen. Anschließend wird er in leichte Wellen gelegt. Im Bild unten sehen Sie die dreieckige Vasenöffnung, die von einem schmalen Goldrand eingerahmt wird. Dieser Goldrand ist nach der Fertigstellung der Vase mit einem „metallic Marker" angemalt.

Der Goldrand wirkt matt und hat nicht den kräftigglänzenden Goldton wie die gezeigte hohe schlanke Vase, auf der 22karätiges Gold aufgetragen ist. Es ist eine Frage des Preises, für welche Möglichkeit Sie sich entscheiden. Außen ist dreimal „Goldmine Black" aufgestrichen und anschließend mit einem sauberen Tuch so lange poliert, bis die Goldflitter deutlich hervortreten. Darüber wird dreimal die farblose Glasur „Ultraclear" von Duncan aufgetragen, die der Goldmine Black" von Duncan erst ihren Glanz gibt. Innen ist die Vase mit „Really Black" (ebenfalls von Duncan) glasiert. Brenntemperatur 1030 Grad.

Die rechte schmale Vase ist ebenfalls in Röhrentechnik aus weißem Ton (0,2/25) getöpfert. Die Standfläche hat einen Durchmesser von 5 cm, die Höhe mißt 29 cm. Sie ist mit eingedrückten Rillen versehen. Der Randabschluß ist dünngedrückt und leicht gewellt. Das Bild unten zeigt die Vasenöffnung. Glasiert ist die Vase mit „Really Black" und „Blue White" von Duncan. Achten Sie darauf, daß die Streichglasuren nicht überlappen. Nach dem Glasurbrand bei 1030 Grad wird mit einem sauberen, feinen Pinsel das 22 karätige Gold auf die staubfreie Vase aufgetragen. Den Pinsel können Sie mit einer speziellen Essenz reinigen. Die Vase muß dann noch einmal in den Brennofen, um das Gold bei einer Temperatur von 670 Grad zu brennen.

> **Tip** Dichten Sie Ihre Vasen mit einem speziellen Dichtungsmittel, auch Dichtöl genannt ab. (Im Fachhandel erhältlich).

Feine Vasen für Liebhaber des Besonderen

# Halb-kugel- und Kugel-technik

# Halbkugel- und Kugeltechnik

# Kugelvase

**Vorausgehende Doppelseite:** Souverän gestaltete Kugelvase mit asymmetrischer Öffnung

Die in Form und Farbe ausgeglichene moderne Kugelvase? auf der vorausgehenden Doppelseite ist in Kugeltechnik hergestellt (die ausführliche Beschreibung finden Sie auf Seite 24 und 25). Die Vase besteht aus weißem Ton der Sorte 1/25. Sie hat eine kleine Standfläche von 6,5 cm Durchmesser, eine Höhe von 14,5 cm und einen Durchmesser von 22 cm an ihrer dicksten Stelle. Arbeiten Sie zuerst eine Kugel von einem Durchmesser von 20 cm und drücken Sie die Kugel auf die gewünschten Maße flach. Schneiden Sie eine ovale Vasenöffnung ein. Im oberen Drittel der Öffnung ziehen Sie den Ton etwas in die Höhe, im unteren Teil drücken Sie die Öffnung ins Kugelinnere. Die Vase ist mit der Streichglasur „White Matte" von Duncan glasiert. Die Farbeffekte erzielen Sie durch Überschütten mit anderen Glasuren. Die überschüttete mittel- und dunkelblaue, matte Glasur ist selbst eingefärbt (siehe Effekte mit Glasuren Seite 51). Sie können die Vase auch mit fertigen Glasuren überschütten. Dann verwenden Sie statt dem Mittelblau die Streichglasur F6M30 blau von Welte und anstelle des Dunkelblau die Streichglasur „Blue Iris" von Duncan. Die türkisfarbene Glasur ist die Streichglasur FGM 38 capriblau von Welte. Die weißen Farbeffekte auf den farbigen Glasuren erzielen Sie durch Aufsetzen von Kristallen (siehe Seite 50). Brenntemperatur: 1050 Grad

**Tip** Möchten Sie eine unverfälschte weiße Glasurfarbe erzielen, dann verwenden Sie weißen Ton.

# Blumenarrangement

**Herrlicher Zimmerschmuck:** Halbkugelige Steckform für Frisch- und Trockenblumen

Die halbkugelige Steckform eignet sich hervorragend zum Arrangieren von Blumen, Gräsern und Zweigen. Sie ist aus weißer Plattenmasse (1/40) getöpfert.
Sie können auch einen Ton feinerer Körnung und höheren Schamotteanteils verarbeiten (0,5/45). Dieser Ton wird auch als Kachelmasse bezeichnet.
Die Beschreibung der Arbeitstechnik von Halbkugeln finden Sie auf Seite 23. Die Steckform besteht aus zwei Teilen, einer runden Platte mit aufgesetztem Rand (in Plattentechnik gearbeitet) und einer Halbkugel. Die Platte hat einen Durchmesser von 43 cm, die Höhe ist 3,5 cm. Die Halbkugel hat einen Durchmesser von 30 cm an der Standfläche und eine Höhe von 17 cm. In die lederharte Halbkugel sind verschieden große Durchbrüche (Seite 40) mit einem Bohrer oder Apfelausstecher eingebracht. Glasiert sind die Platte und die Halbkugel mit der Streichglasur „Blue White" von Duncan. Den farblichen Akzent bilden die Streichglasuren FGE 23 mittelgrün und FGE 72 malachit von Welte, mit denen die Halbkugel begossen ist. Es ist zu empfehlen, den Boden der großen Platte wegen des Spannungsausgleichs auch zu glasieren. Außerdem ist darauf zu achten, daß beim Begießen der Halbkugel die Durchbrüche nicht mit Glasur verklebt werden. Am besten ist, Sie sparen beim Begießen mit der Glasur die Durchlässe aus. Brenntemperatur: 1050 Grad.

**Tip** Stellen Sie eine Glasschale gefüllt mit Wasser unter die Halbkugel. Damit verhindern Sie, daß Feuchtigkeit (siehe Seite 32) langsam durch die runde Platte dringt.

## Halbkugel- und Kugeltechnik

# Blaue Schüssel

Die hohe halbkugelige Schüssel aus weißem Plattenton (1/40) ist über eine Styroporkugel geformt (Beschreibung auf Seite 23). Der Innendurchmesser beträgt 28 cm, die Höhe ist 14,5 cm und die Standfläche hat einen Durchmesser von nur 9 cm. Als gelungener Randabschluß ist ein Tonstreifen von 3 cm Breite auf die abgeschnittene Kante aufgesetzt. Glasiert ist die Schüssel mit der weiß glänzenden Streichglasur von Wolbring. Bei dieser Glasur empfiehlt es sich, sie etwas mit Wasser zu verdünnen und gleichmäßig dreimal aufzutragen. Innen ist die in den Farben harmonisch gehaltene Schüssel mit den Streichglasuren FGE 102 metallgrün, FGE 72 malachit, FGG 30 blau von Welte und „Antique Blue" von Duncan beschüttet.
Brenntemperatur: 1080 Grad.

Salatform mit dekorativem Glasureffekt

## Halbkugel- und Kugeltechnik

# Grüne Schüssel

Die große, interessante Schüssel ist aus dem gleichen Ton und in derselben Technik wie auf Seite 86 beschrieben getöpfert. Der Schüsseldurchmesser beträgt 29,5 cm, die Höhe 20 cm und die Standfläche 9 cm. Als Verzierung ist ein rund geschnittener Wulst (Seite 41) auf den Schüsselrand aufmodelliert. Glasiert ist die Schüssel mit der Streichglasur „Blue White" von Duncan. Innen ist sie mit den Streichglasuren FGE 72 malachit, FGE 23 mittelgrün von Welte und „Black Luster" von Duncan beschüttet. An zwei gegenüberliegenden Stellen sind dezent „Black Luster" und mittelgrün über den Randabschluß geschüttet. Anschließend wird die Schüssel bei einer Temperatur von 1030 Grad gebrannt. Danach wird „Black Luster" mit „Blue White" begossen und die Schüssel noch einmal im Glasurbrand, diesmal bei 1080 Grad, gebrannt.

Salatform mit interessanter Schüttglasur

## Halbkugel- und Kugeltechnik

# Grüne Kugelvase

Diese apart in den Farben grün und schwarz gehaltene Kugelvase ist in Kugeltechnik (ausführliche Beschreibung Seite 24 und 25) getöpfert. Sie ist aus weißem Ton mit einer Schamottekörnung von 1 mm und einem Schamotteanteil von 25% entstanden. Die überformte Styroporkugel hat einen Durchmesser von etwa 20 cm. Die Tonkugel ist leicht flachgedrückt. Als Vasenöffnung ist ein Loch in die Tonkugel geschnitten. Außerdem sind von der Öffnung ausgehend zwei Schnitte von 4 cm Länge angebracht. Die Vasenöffnung ist nach oben gebogen, die vordere Seite ist 1 cm kürzer geschnitten. Die Vase ist mit „Black Luster" von Duncan bestrichen. Der grüne Effekt (übersättigte Kupferoxidglasur, Seite 50) entsteht, wenn darauf eine weiße Glasur aufgetragen wird. Brenntemperatur: 1080 Grad.

Kugelvase für den gehobenen Geschmack

## Halbkugel- und Kugeltechnik

# Windlicht

Das in den Farben bestechende Windlicht für Ihren Gartentisch ist aus einer Halbkugel (Beschreibung Seite 23) gefertigt. Sie ist aus weißem Ton der Sorte 1/15 hergestellt. Der Durchmesser des überformten Balls beträgt etwa 19 cm. Die Maße des Windlichts: Höhe 13 cm, Standfläche 5 cm und Durchmesser, am Rand gemessen, 21 cm.

Während des Überformens ziehen Sie den Ton leicht ausladend über den Äquator des Balls. Fönen Sie anschließend die Halbkugel, decken Sie dabei einen Rand von 4 cm mit Folie ab. Diesen Rand ziehen Sie dann unregelmäßig zwischen Daumen und Zeigefinger dünn und legen ihn in Wellen. Im lederharten Zustand bohren Sie die Löcher ein. Die Grundglasur ist die Streichglasur weiß glänzend von Wolbring. Mit einer Spritze (ohne Nadel) sind die Streichglasuren FGM 38 capriblau, FGG 30 blau und FGE 23 mittelgrün von Welte aufgetragen. Brenntemperatur: 1080 Grad.

Für den Abend auf dem Balkon: Windlicht einmal anders

## Halbkugel- und Kugeltechnik

# Zwei Kugeldosen...

**Die kleine, blaue Kugeldose** ist aus zwei selbstgeformten Halbkugeln mit weißem Ton (1/25) entstanden (die genaue Beschreibung finden Sie auf Seite 22). Die Kugeldose hat einen Durchmesser von 9 cm und eine Höhe von 9,5 cm. Nachdem Sie eine Kugel geformt haben, schneiden Sie den unregelmäßigen Deckel aus (Seite 37). Als Griff ist eine Kugel angebracht, um die Blätter anmodelliert sind. Die Grundglasur ist „Antique Blue" von Duncan. Teilweise ist die Dose mit FGG 30 blau beschüttet, über einige Blätter ist FGE 76 bronze und FGG 30 blau gestrichen. Diese Glasuren sind von Welte.
Brenntemperatur: 1030 Grad.

**Die mit einer Kalla geschmückte Dose** ist in derselben Technik und dem gleichen Ton wie vorher beschrieben hergestellt. Ihr Durchmesser ist 12 cm. Ein dünner Tonwulst ist als Griff angebracht. Aus einer dünnen Tonplatte sind die Blüten, Blätter und Stiele geschnitten. Die Dose ist mit „Antique Blue" von Duncan glasiert. Der blau fließende Rand entsteht durch sattes Auftragen von FGG 30 blau von Welte. Die Kalla ist mit FGE 25 perlmuttweiß, die Blätter und Stiele sind mit FGE 2 hellgrün von Welte bestrichen.
Brenntemperatur: 1080 Grad.

Zwei Beispiele für Kugeldosen mit floralem Dekor und wellenförmig geschnittenem Deckel

## Halbkugel- und Kugeltechnik

# für Kostbarkeiten

## Halbkugel- und Kugeltechnik

# Gartenkugeln

Die in leuchtenden Farben gehaltenen Gartenkugeln und die dazu passende Amsel sind ein Schmuck für Ihren Garten. Die Kugeln und die Amsel sind in Kugeltechnik (Seite 24 und 25) und aus feinschamottiertem Ton (02/25) getöpfert. Der Durchmesser der Kugeln beträgt 10 cm. Nach Fertigstellung der Kugeln (ebenso bei der Amsel) wird unten ein passendes Loch für den Stab eingeschnitten. Nun können Sie die Amsel in Form drücken, ihr einen Kopf und Schwanz ansetzen. Stoßen Sie mit einem spitzen Gegenstand vom Kugelinneren zum Kopf und Schwanz durch. Die Flügel sind in die Kugel eingeschnitten, geformt und und mit einer geschwungenen Linie versehen. Die verwendeten Streichglasuren: „Tangerine", „Blue Iris", „Really Black" von Duncan und FGG 50 gerberagelb von Welte.
Brenntemperatur für „Blue Iris" 1080, für die anderen Glasuren 1040 Grad.

Blickfang für Terrasse und Balkon: die alpenländischen Gartenkugeln

Halbkugel- und Kugeltechnik

# Große Dose

Die große Dose ist aus weißem Plattenton (1/40) hergestellt. Sie ist in Kugeltechnik (Seite 24 und 25) entstanden. Die Dose hat einen Durchmesser von 26 cm und eine Standfläche von 9,5 cm. Nach der Herstellung der Kugel schneiden Sie einen vorne spitz zulaufenden Deckel aus. Damit der Deckel sicher aufliegt, bringen Sie an der Deckelinnenkante einen Falz an. Prüfen Sie anschließend den Sitz des Deckels (legen Sie vorher Folie zwischen die aufliegenden Kanten).

Schneiden Sie in die Deckelmitte den Ausschnitt für die moderne Grifflösung ein (Beschreibung Seite 38). Für die Dose sind dieselben Glasuren wie für die Kugelvase (Seite 84) verwendet, auch ist sie genauso beschüttet worden. Achten Sie darauf, daß die Glasur am unteren Teil der Dose weiterläuft.
Brenntemperatur: 1050 Grad

Voluminöse Kugeldose mit moderner Grifflösung und gekonnter Schüttglasur

## Halbkugel- und Kugeltechnik

# Abstrakte Objekte

**In der unten abgebildeten Keramik** sind drei Materialien in einem Objekt vereint. Metall, Glas und Ton. Die abstrakte Keramik ist aus weißem Ton der Sorte 1/25; sie ist in Kugeltechnik (Seite 24 und 25) entstanden. Nach Fertigstellung der Kugel schneiden Sie in die Standfläche ein Loch, damit Sie die Kugel besser flachdrücken können. Die Maße des Objekts: Durchmesser 21 cm, Standfläche 12 x 8 cm. Die drei Messingstäbe haben alle eine Länge von 76 cm und einen Durchmesser von 3 mm. Bevor Sie die sechs Stabdurchbrüche in den lederharten Ton bohren, müssen Sie die Abstände ausmessen. Die Streichglasur „Blue Iris" von Duncan eignet sich hervorragend für dieses Objekt, da sie mit dem ungeschliffenen blauen Glasstein farblich harmoniert. Nach dem Glasurbrand werden die Messingstäbe durchgeschoben und im oberen Bereich verlötet. Der Glasstein ist mit einem Perlonfaden befestigt.
Brenntemperatur: 1030 Grad.

**Das rechts abgebildete blaue Keramikobjekt** ist in derselben Technik und Tonart wie vorher beschrieben gefertigt. Die ebenfalls flachgedrückte Kugel hat einen Durchmesser von 15 cm und eine Standfläche von 13 x 9 cm. Schneiden Sie, vor dem Flachdrücken der Kugel ein Loch in die Standfläche. Anmodellierte, in Form geschnittene Tonplatten, die sich nach oben hin verschmälern, sich im Bogen treffen und miteinander verbunden sind, geben dem Objekt seinen Ausdruck. In die Mitte des Bogens ist ein kleines Loch für die Befestigung des Steins gebohrt. Als Grundglasur ist die Streichglasur „Blue Iris" von Duncan aufgetragen. Darüber ist an den Kanten die Streichglasur FGG 9 schwarz von Welte gestrichen, die farblich mit dem Stein harmoniert. Die Glasur „Blue Iris" wird hier bei einer Brenntemperatur von 1080 Grad glänzend, fällt aber bei einer Temperatur von 1030 Grad bei dem „Objekt mit den Stäben" seidenmatt aus.
Brenntemperatur: 1080 Grad.

**Auf dieser Doppelseite:** Zwei Beispiele für phantasievollen Umgang mit Form und Material

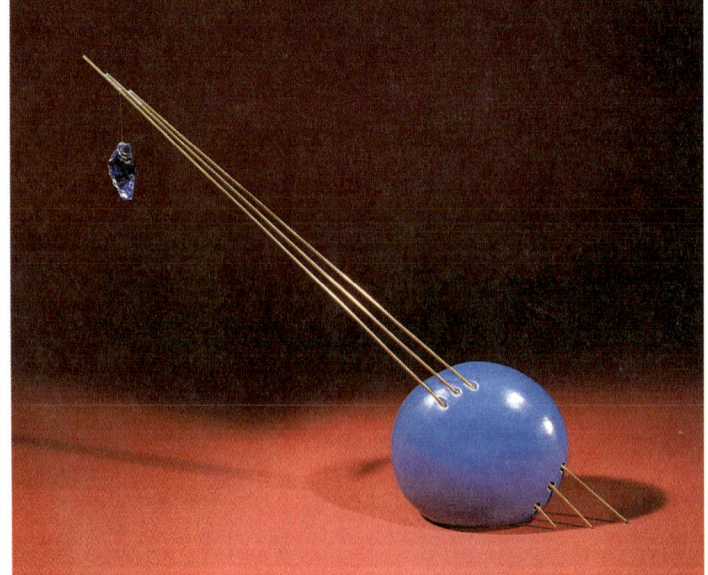

**Tip** Wenn Sie an einem Objekt arbeiten, dann legen Sie ab und zu eine Pause ein. Betrachten Sie das Werkstück ruhig von allen Seiten aus ein paar Metern Abstand. Oft entdecken Sie dann Fehler oder haben neue Ideen.

# Überform-
# technik

## Überformtechnik

# Gold auf Schwarz und Blau

**Vorausgehende Doppelseite:**
**Extravagant und wertvoll sind diese Dekorstücke.**

Seite 98 Gold auf Schwarz und Die auf der vorausgehenden Doppelseite abgebildeten edlen Keramiken und die unten abgebildete blaugoldene Schale sind in Überformtechnik (Seite 26 und 28) aus weißem Ton (1/40) entstanden. Die Maße der schwarzen Schale: 28 x 28 x 6 cm, des halben Rings: 20 x 7 x 6 cm. Beide Stücke sind mit Eindrücken verziert. Die Schale ist oberhalb der runden Eindrücke mit einem Einschnitt versehen. Die Keramiken sind mit der Streichglasur „Black Luster" von Duncan glasiert und bei 1050 Grad gebrannt. Anschließend ist auf beide Stücke 22 Karat flüssiges Gold „Bright Gold" von Duncan mit einem feinen Pinsel in die Vertiefungen aufgetragen. Die Farbe des Goldes ist vor dem Brand rot und somit gut sichtbar. Bei einer Brenntemperatur von 670 Grad wird das Gold beständig eingebrannt.

Die blaue Schale mißt 20 x 25 x 3 cm. Sie ist mit Linien und Punkten verziert, mit der Streichglasur „Blue Iris" von Duncan glasiert und bei 1080 Grad gebrannt. Der Lüstereffekt entsteht durch Auftragen der Aufglasur „Mother of Pearl" von Duncan (Seite 52). Die perlmuttschimmernde Aufglasur wird dünn und mit halbmondförmigen, überlappenden Pinselstrichen aufgetragen. Einen „Wasserfalleffekt" können Sie erzielen, wenn Sie die Aufglasur in langen, gleichmäßigen Zügen überlappend aufstreichen. Ein zu dicker Auftrag von „Mother of Pearl" kann zu Glasurrissen oder zur Trübung der Glasuroberfläche führen. Malen Sie das Gold in die Vertiefungen und brennen Sie die Keramik bei 670 Grad.

> **Tip** Die Aufglasur kann zusammen mit dem Goldauftrag bei 660 - 685 Grad gebrannt werden.

**Einfache Schale, durch Goldauftrag veredelt**

## Überformtechnik

# Muschel

Die kleine Muschelschale ist über eine Muschel geformt (Überformtechnik Seite 26). Sie besteht aus weißem, fetten Ton der Sorte 0,2/25. Die Schale ist 20 x 15 x 2 cm groß. Da Sie während des Überformens keine Kanten nach innen formen können, müssen Sie an der Rückseite und an den Längsseiten den Ton an die Muschel anliegen lassen. Erst nach dem Ausformen biegen Sie die Seiten nach innen. Der wunderschöne Glasureffekt entsteht durch das bogenförmige Auftragen folgender Streichglasuren in der angegebenen Reihenfolge, von der schmalen Seite beginnend: FGE 34 sandsteinblau, FGE 76 bronze, FGM 33 rosa und FGE 34 sandsteinblau. Darüber streichen Sie einmal die Glasur FGE 76 bronze. Alle Glasuren bisher von Welte. Danach tragen Sie die Spezialeffektglasur „Cascade" von Duncan auf. Diese Spezialeffektglasur auf andere Glasuren aufgetragen bewirkt, daß sich die darunterliegenden Glasuren mit der Spezialglasur vermischen. Dadurch entstehen einmalige, unregelmäßige Glasureffekte. Können Glasuren beispielsweise an einer Gefäßwand herunterlaufen, so erzielt die Spezialglasur einen wasserfallähnlichen Glasureffekt. Liegt die „Cascade" unter oder zwischen anderen Glasuren, so zieht sie diese mit sich den Scherben herunter und es entsteht eine interessante, meist nicht mehr nachvollziehbare Glasuroberfläche. Die Spezialeffektglasur eignet sich zum Experimentieren mit Glasuren. Allerdings kann ein zu dicker Auftrag der „Cascade" zu Rissen oder sogar zum Bruch des Scherbens führen. Die Firma Mayca bietet ebenfalls eine Kaskadenglasur an.
Brenntemperatur: 1040 Grad.

Schöner Blickfang für Vitrine und Sideboard

## Überformtechnik

# Ringförmige Objekte

**Die unten abgebildete dekorative Ringvase** ist in Überformtechnik (Seite 28) gefertigt. Sie ist aus weißem Ton (1/25) hergestellt. Ihre Maße sind: Außendurchmesser 20 cm, Innendurchmesser 11 cm und Standfläche 8 x 4 cm. Ist der Ring lederhart getrocknet, dann schneiden Sie die Vasenöffnung ein. Von der Öffnung aus bohren Sie ein Loch durch den Ring, auf der gegenüberliegenden Seite ebenfalls. Die Löcher dienen dazu, das nach dem Glasurbrand eingesetzte Reagenzglas zu halten. Glasiert ist der Ring mit der Streichglasur „Blue White" von Duncan. Der Glasureffekt entsteht durch Aufspritzen mit einer Spritze ohne Nadel. Es sind die Streichglasuren: FGE 23 mittelgrün, FGG 30 blau von Welte und „Really Black" von Duncan.
Brenntemperatur: 1080 Grad. Nach dem Glasurbrand ist flüssiges Gold von Duncan (Seite 52) aufgetragen und anschließend bei 670 Grad gebrannt.

**Das links abgebildete moderne Objekt** ist in Überformtechnik gefertigt (Beschreibung auf Seite 28). Der Ring ist aus weißer Plattenmasse (1/40) hergestellt. Sein Außendurchmesser ist 29 cm, der Innendurchmesser 16,5 cm und die Standfläche ist 8,5 x 5 cm groß. Ist der Ring fertiggestellt und lederhart getrocknet, dann bohren Sie, den Glasstäben entsprechend (Schwindung beachten), die Löcher ein. Oben drei, auf der gegenüberliegenden Ringseite sechs Löcher. Der Ring ist mit der Streichglasur „Plum Beautyful" von Duncan glasiert. Anschließend wird er bei einer Brenntemperatur von 1080 Grad gebrannt. Danach schieben Sie die unterschiedlich dicken Glasstäbe von der Standfläche aus ein. Die Glasstäbe schließen mit der Standfläche plan ab. Kleben Sie mit einem Glaskleber oder Silikonkautschuk die Stäbe innerhalb der Standfläche ein.

Auf dieser Doppelseite: Vase (rechts) und blaues Objekt (gegenüber), zwei Beispiele für Ringformen

**Tip** Damit das Reagenzglas farblich mit den Glasuren harmoniert, können Sie es mit eingefärbtem Sand füllen.

## Überformtechnik

# Zwei Backformen

Die im bäuerlichen Stil gehaltenen Backformen sind in Überformtechnik (Seite 26) gearbeitet. Sie bestehen aus rotem Ton (1/25). Alle Keramikbackformen eignen sich vorzüglich zum Backen. Die Herzform hat eine Länge einschließlich Henkel von 24 cm. Die breiteste Stelle mißt 22 cm, die Höhe ist 5 cm. Der beim Überformen stehengelassene Rand ist 2 cm breit und nach dem Herausnehmen der Grundform in Wellen gelegt. Der Henkel, aus Tonstreifen geschnitten, ist mit gedrückten Rillen versehen (Seite 39).

Die runde Kuchenform ist auf Seite 26 in Schritten fotographisch beschrieben. Die Maße: Durchmesser 24 cm, Höhe 6 cm. Um den Rand ist ein mit einer Modellierschlinge rund geschnittener Wulst angesetzt. Dieser ist mit Eindrücken eines Modellierholzes verziert. Glasiert sind die Backformen mit der Streichglasur FGE 74 steingrau von Welte. Über die Ränder ist einmal die Streichglasur Rauchtopas von Wolbring aufgetragen.

Brenntemperatur: 1030 Grad.

Sichtbar „nützliche", im bäuerlichen Stil gehaltene Backformen

## Überformtechnik

# Puddingformen

Die abgebildete große Puddingform können Sie auch zweckentfremden, indem Sie die Form als Wandschmuck verwenden. Sie ist über eine alte Kupferform geformt (die Anleitung zum Überformen finden Sie auf Seite 26). Die Form besteht aus rotem Ton, der Schamotteanteil beträgt 25%, die Körnung ist 1 mm. Die Form ist 33 x 28 x 8 cm groß. Nachdem Sie die Grundform aus der Tonform genommen haben, schneiden Sie die Kante und glätten diese. Bohren Sie dann ein kleines Loch in den Rand, um später die Form eventuell an einem Band aufhängen zu können. Die Vielfalt der Glasurfarben entsteht durch dreimaliges Brennen im Glasurbrand. Das Glasurergebnis genau wieder nachzuvollziehen, ist nahezu unmöglich, da auch die Dicke des Glasurauftrags in der Farbgebung mitspielt.

Der erste Glasurauftrag: Rauchtopas von Wolbring, darüber einmal FGE 102 metallgrün. Anschließend folgt dem Glasurbrand ein einmaliger Auftrag von FGE 23 mittelgrün. Nach dem zweiten Glasurbrand ist die Form mit einem Anstrich von FGM 22 sandfarben und FGE 72 malachit glasiert. Alle Glasuren, außer der ersten, von Welte. Brenntemperatur bei allen Bränden: 1080 Grad.

Riesenpuddingform für Dessert-Liebhaber

# Wulsttechnik

Wulsttechnik

# Große Schale

**Vorausgehende Doppelseite: Großartige Schale für Truhe und Wand**

Die große dekorative Schale auf der vorausgehenden Doppelseite ist mit dicken Wülsten aufgebaut (Arbeitsanleitung Seite 29 bis 31). Sie ist aus weißem Plattenton mit einem Schamotteanteil von 40% und einer Körnung von 1 mm getöpfert. Bei der Größe der Schale – Durchmesser 39 cm, Höhe 7 cm und Durchmesser der Standfläche 25 cm – ist wegen großer Spannungen ein Plattenton zu empfehlen. Nachdem Sie die Bodenplatte ausgeschnitten haben, setzen Sie den Wulst auf und drücken ihn leicht ausladend nach oben. Achten Sie auf einen runden Übergang vom Boden zur Gefäßwand. Je nach Standfestigkeit des verwendeten Tons können Sie einen weiteren Wulst an den Außenrand ansetzen oder eine Trockenpause (Seite 31) einlegen. Mit einem runden Plastikschaber formen Sie die Schalenwand gleichmäßig nach außen. Markieren Sie die Schalenhöhe und schneiden Sie den Rand ab. Glätten Sie dann den Rand und versehen Sie ihn mit einer gedrückten Rille (Seite 39). Nach dem Schrühbrand schütten Sie vom Rand zur Mitte und an der Gefäßwand außen entlang die Streichglasur FGE 34 sandsteinblau. Streichen Sie etwas überlappend die Streichglasur FGE 99 heliotrop auf die nicht überschütteten Teile der Schale auf. Den honigfarbenen Effekt erzielen Sie, indem Sie, vom Rand ausgehend, die Streichglasur FGG 11 farblos schütten. Die dunkelbraunen Stellen nicht mit „Farblos" beschütten. Alle genannten Glasuren sind von Welte.
Brenntemperatur: 1050 Grad.

**Tip** Statt Sandsteinblau können Sie auch F6E 72 malachit oder F6E 102 metallgrün (beides Streichglasuren von Welte) in die Schale schütten.

# Hohe Vase

**Hohe Vase für die Freunde der wiederentdeckten Fünziger Jahre**

Die hohe dem Stil der fünfziger Jahre nachempfundene Vase ist mit dicken Wülsten (Seite 29 bis 31) aufgebaut. Sie ist aus weißem Ton der Sorte 1/25 entstanden. Die Maße: Standfläche 11 cm, Höhe 28 cm und die breiteste Stelle 18 cm. Von der Bodenplatte ausgehend, ist die Vase leicht ausladend bis zu ihrer breitesten Stelle aufgebaut. Danach sind die Wülste sich verjüngend am Innenrand angesetzt und hochgedrückt. Die Vasenöffnung hat einen Durchmesser von 5 cm. Die Form der Vase eignet sich auch als Lampenfuß; vergessen Sie dann nicht, unten ein Loch für das Stromkabel vorzusehen. Für die Montage der elektrischen Teile sollten Sie einen Fachmann beauftragen. Lampenschirme gibt es in einschlägigen Fachgeschäften. Die Grundglasur ist die Streichglasur weiß glänzend von Wolbring. Bei weißen Glasuren tragen Sie die Glasur besonders gleichmäßig auf, um eine schöne Oberfläche zu bekommen. Gegebenenfalls die Glasur mit Wasser verdünnen und dreimal aufstreichen.
Beschüttet ist die Vase mit der Streichglasur FGG 50 gerberagelb von Welte. Die Streichglasuren FGE 23 mittelgrün von Welte und „Antique Blue" von Duncan sind mit dem Pinsel aufgespritzt.
Brenntemperatur: 1030 Grad.

 Wulsttechnik

# Blaue Vase

Unkonventionell aufgebaute Vasenform

Die blaue Vase mit den unterschiedlichen Vasenöffnungen ist in Wulsttechnik aufgebaut. Sie ist aus rotem Ton (1/25) gefertigt. Die Maße der Vase: die breiteste Stelle ist 22 cm, Höhe 33 cm und Durchmesser der Standfläche 12 cm. Die Vase ist von der Bodenplatte stark ausladend bis zur breitesten Stelle gearbeitet. Von da ab verjüngt sie sich stark bis zum höheren Vasenhals. Der niedrigere Vasenhals ist auf ein im lederharten Zustand eingeschnittenes Loch aufgesetzt. Beide Vasenöffnungen sind an den Rändern vorne spitz zulaufend ausgeschnitten. Die Vase ist mit Schüttglasuren glasiert, die nicht mehr im Handel sind. Vergleichbare Glasuren (auf weißem Ton) sind folgende Streichglasuren: „Blue Denim" von Duncan, darüber geschüttet weiß glänzend von Wolbring und FGG 30 blau von Welte. Brenntemperatur: 1030 Grad.

**Tip** Legen Sie während des Aufbauens Trockenphasen ein, damit Ihre Vase nicht in sich zusammensackt!

## Wulsttechnik

# Großer Krug

Dieser Krug entsteht durch Aufbauen mit dicken Wülsten (genaue Beschreibung Seite 29 bis 31) aus weißem Ton der Körnungsgröße von 1 mm mit einem Schamotteanteil von 25%. Es ist ein angenehm zu verarbeitender und beim Henkeln gut zu ziehender Ton. Die Bodenplatte hat einen Durchmesser von 11,5 cm. Die Höhe des Kruges ist 37 cm. Da es sich um ein sehr hohes Gefäß handelt, ist es in vier Etappen mit eingelegten Pausen (wegen der Verformung, siehe Seite 31) aufgebaut. Es wird zuerst leicht, dann stark ausladend und sich wieder verjüngend bis zu einem Randdurchmesser von 9 cm hochgearbeitet. Den Krug zieren eine angesetzte Schnaupe (Seite 34) und ein gezogener Henkel (Seite 35). In den Gefäßrand ist eine Rille (Seite 39) eingedrückt. Die Streichglasur weiß glänzend von Wolbring dient als Grundglasur. Durch Beschütten mit den Streichglasuren FGG 30 blau, FGE 102 metallgrün, FGE 72 malachit von Welte und „Antique Blue" von Duncan erzielt man die herrlichen Glasureffekte.
Brenntemperatur: 1030 Grad

Formsicher gefertigter weißgrundierter Krug, mit verschiedenfarbigen Glasuren überschüttet

## Wulsttechnik

# Krug mit Deckel

Der Krug ist mit dicken Wülsten aufgebaut (siehe Arbeitsbeschreibung Seite 29 bis 31). Er besteht aus weißem Ton (1/25). Die Bodenplatte hat einen Durchmesser von 15 cm, die Höhe beträgt einschließlich Griff 19 cm. Der Deckel wird von einem gedrückten Wulst gehalten. Es ist ein aufgelegter, aus einer Platte gearbeiteter Deckel (Seite 37). Die Schnaupe ist gezogen (Anleitung Seite 34). Der Krug wird von einem Henkel vervollständigt. Dieser ist aus einem Plattenstreifen geschnitten und vor dem Anbringen mit Rillen verziert (Seite 39). Als Griff ist eine unten abgeflachte Kugel angarniert. Die Grundglasur ist eine Streichglasur „Antique Blue" von Duncan, dreimal aufgetragen. Der stahlblaue Effekt ergibt sich durch Überschütten mit der Streichglasur FGE 74 steingrau von Welte.
Brenntemperatur: 1030 Grad.

Behäbiger Deckelkrug nach altem Muster

## Wulsttechnik

# Bauchiger Krug

Der rustikale Krug entsteht in Wulsttechnik. Die Tonfarbe ist weiß. Es ist ein mittelfetter Ton mit einem Schamotteanteil von 25% und einer Körnung von 1 mm. Dieser Ton eignet sich gut zum Ziehen von Schnaupen und Henkeln. Der Durchmesser der Standfläche beträgt 11,5 cm, die Höhe des Kruges ist 21 cm. An der breitesten Stelle hat der Krug einen Durchmesser von 16,5 cm. Er ist vom Boden stark ausladend aufgebaut und verjüngt sich langsam nach oben. Die Schnaupe ist mit dem Zeigefinger gezogen (Erklärung Seite 34). Der gezogene Henkel (siehe Henkelziehen Seite 35) ist in einem weichen Bogen angesetzt. Die Grundglasur FGE 6 aventurin ist zweimal aufgetragen. Diese ist mit der Streichglasur FGE 34 sandsteinblau, auch von Welte, überschüttet.
Brenntemperatur: 1080 Grad.

**Rustikal und erdverbunden ist dieser bauchige Krug.**

## Wulsttechnik

# Pflanzhuhn

Das hübsche Pflanzhuhn, das sich auch als Behälter für Eier, Gemüse oder Obst geeignet, ist ebenfalls bis zum Halsansatz aus dicken Wülsten aufgebaut (Seite 29 bis 31). Die Tonsorte ist weiß (1/25). Die Maße des Huhns sind: Durchmesser der Standfläche 15 cm, Höhe 28 cm, Breite 23 cm und Länge 27 cm. Bauen Sie das Huhn mit dicken Wülsten bis zum Halsansatz auf. Danach formen Sie aus einer Tonplatte eine spitz zulaufende „Tüte", die an der breiten Öffnung rund geschnitten ist. Setzen Sie diese Tüte auf den etwas flachgedrückten und geformten Körper des Huhns. Die spitze Tüte drücken Sie flach, schneiden sie zu und formen daraus den Kopf. Von innen können Sie den Kopf noch ausbeulen. Besitzt der Hals nicht genügend Standfestigkeit, dann stützen Sie ihn ab. Bringen Sie federartige Eindrücke in den Hals, wellen Sie den Kamm, setzen Sie das Auge und den Schnabel an. Die Streichglasuren: Rauchtopas von Wolbring, „Toffee" von Duncan, darüber stellenweise FGG 29 grün von Welte. Brenntemperatur: 1030 Grad.

Vielseitig verwendbarer Topf in der Form eines Huhnes

## Wulsttechnik

# Pflanzkübel

Der für Wohnung, Terrasse oder Garten geeignete Pflanzkübel ist in Wulsttechnik (Seite 29 bis 31) getöpfert. Er ist aus rotem Plattenton der Sorte 1/40 gefertigt. Das Gefäß hat eine Standfläche von 29 x 23 cm und eine Höhe von 16 cm. Es ist leicht ausladend aufgebaut. An den Seitenwänden sind jeweils zwei Wülste übereinander als Henkel angesetzt. Möchten Sie den Pflanzkübel für Garten oder Terrasse verwenden, dann bohren Sie in die Standfläche ein Loch, damit das Wasser ablaufen kann. Das geschrühte Gefäß ist außen teilweise mit der Streichglasur FGE 10 kölschbraun von Welte beschüttet. Innen ist es vollständig mit gleicher Glasur bestrichen. Der rote Ton wirkt nach dem Glasurbrand matt im Gegensatz zur Glasur, das gibt dem Pflanzgefäß sein rustikales Aussehen. Sie können jedoch den roten Ton einwachsen (Beschreibung Seite 46) und ihm so ein seidenmattes Aussehen verleihen. Wegen der Brenntemperatur von 1050 Grad ist der Kübel nicht frostsicher!

Auch aus einer schlichten Keramik kann ein wunderbarer Blickfang werden.

## Wulsttechnik

# Bäuerlich...

Die drei bäuerlichen Küchenformen sind nicht nur Schmuckstücke, sondern Gefäße – von links nach rechts betrachtet: eine Auflaufform, eine Salatschüssel und ein Saucenbehälter – die durchaus in der Küche verwendet werden können. Alle Formen sind in Wulsttechnik (Seite 29 bis 31), aus weißem Ton mit einem Schamotteanteil von 25% und einer Körnung von 1 mm getöpfert. Die Auflaufform ist 17 x 26 x 6 cm groß. Die aufgesetzten Wülste sind, von der Bodenplatte ausgehend, gerade nach oben gedrückt. An die Außenwand setzen Sie einen Wulst als Randabschluß. Dieser ist mit Eindrücken eines Modellierholzes verziert. In die feuchte oder lederharte Form sind vor dem Bemalen mit grüner Engobe (Seite 42) die Blätterranken mit einem spitzen Gegenstand vorgeritzt. Der Wulst ist mit grüner Engobe bestrichen. Glasiert ist die Form mit einem Anstrich „Spiced Honey", darüber kommen zwei Anstriche „Toffee". Der Glasureffekt entsteht durch Abstreifen eines voll in die Glasur „Rusty Amber" getauchten Pinsels.

Die Salatschüssel hat einen Innendurchmesser vom 19 cm und eine Höhe von 8 cm. Die Standfläche hat einen Durchmesser von 14 cm. Die Wülste sind leicht ausladend, von der Bodenplatte ausgehend, hochgedrückt. Auf dem abgeschnittenen Rand ist ein 2 cm breiter Tonstreifen aufgesetzt. Die Schüssel ist mit brauner Engobe bemalt. Die Tupfen sind mit dem Malbällchen (Seite 44) aufgebracht. Glasiert ist die Schüssel mit zwei Anstrichen „Spiced Honey" und einem Anstrich „Toffee". Der Glasureffekt ist wie vorher beschrieben entstanden.

Der Saucenbehälter ist wie vorher beschrieben aufgebaut. Er hat folgende Abmessungen: Durchmesser 22 cm, Höhe 6,5 cm, Durchmesser der Standfläche 13 cm. Das Gefäß ist von der Bodenplatte stark ausladend aufgebaut. Am Außenrand ist ein 2,5 cm breiter Tonstreifen angebracht, der etwas gedrückt wird. Die Schnaupe wird gezogen (Seite 34). Der Henkel ist aus einer Tonplatte geschnitten und mit Rillen (Seite 39) versehen. Bemalt ist der Behälter mit brauner, grüner und gelber Engobe. Glasiert ist er mit „Spiced Honey". Alle verwendeten Glasuren sind Streichglasuren von Duncan. Brenntemperatur: 1030 Grad.

Nützlich und unvergänglich in Form und Dekor sind diese drei mit Engobenmalerei gestalteten Gefäße.

**Tip** Geben Sie über Engoben honigfarbene Glasuren, dann verändert sich die Farbe der Engobe.

Wulsttechnik

# und nützlich

# Fachbegriffe

## A

**Abplatzen**
Glasur platzt ab, wenn Glasur und Ton nicht die gleiche Ausdehnung besitzen.

**Abrollen**
Die Glasur hebt sich während des Glasurbrandes von der Scherbenoberfläche ab. Die Ursachen sind Fett oder Staub auf der Oberfläche oder eine fehlerhafte Glasur.

**Angarnieren**
Das Zusammenfügen und Verbinden von Tonteilen; ein vorheriges Aufrauhen und Schlickern ist Voraussetzung.

**Aufbautechnik**
Herstellen von Tongegenständen, die mit der Hand aufgebaut werden und nicht auf der Töpferscheibe.

**Aufglasur**
Dekorativer Überzug keramischer Farben auf bereits fertig glasierte und gebrannte Tonwaren. Die Aufglasur wird nochmals bei einer Brenntemperatur von 700 bis 900 Grad eingebrannt.

## B

**Bestücken**
Das Einsetzen von Keramiken mit Hilfe von Brennhilfsmitteln in den Brennofen.

**Blasenwerfen**
In einer gebrannten Glasuroberfläche aufgeplatzte Bläschen.

**Bleifreie Glasur**
Eine blei- und kadmiumfreie Glasur, geeignet für Gebrauchsgeschirr.

**Braunstein**
Eignet sich zum braun Einfärben von Tonmassen oder reliefartigen Oberflächen. Der Gehalt von Manganoxid im Braunstein liegt ungefähr zwischen 60 und 90 Prozent.

**Brennen**
Härten von keramischen Gegenständen durch unterschiedlich starke Hitzeeinwirkung im Brennofen.

**Brennhilfsmittel**
Hitzebeständige Einsatzplatten, Aufbaustützen und Dreikantstäbe, die im Schrüh- und Glasurbrand zur Ofenbestückung benutzt werden.

**Brennofen**
Spezialofen zum Brennen von Tongegenständen, der die benötigten Temperaturen von 800 bis 1260 Grad erreicht. Er kann mit Elektrizität, Gas oder Öl betrieben werden.

## C

**Craquelé-Glasur**
Spezialglasur, deren Oberfläche ein feines Rißmuster aufweist.

## D

**Dekorfarben**
Ungebrannte Farben. Sind in Näpfchen oder als Pulver im Fachhandel erhältlich. Dekorfarben werden mit Wasser angerührt und auf die Oberfläche aufgemalt. Sie sind untereinander mischbar.

**Durchbruchtechnik**
In den lederharten Ton werden mit einem Messer oder anderem geeigneten Werkzeug Durchbrüche eingeschnitten oder mit einem Bohrer durchgebohrt.

## E

**Elefantenohr**
Feinporiger, dünner Naturschwamm.

**Engobe**
Dünnflüssiger Tonbrei, der durch Zugabe von Oxiden eingefärbt werden kann. Engobe nur auf feuchten oder lederharten Ton auftragen.

**Engobenmalbällchen**
Auch Malhörnchen genannt, ein Gummiball mit langgezogener Spitze, aus der die Engobe herausfließt.

## F

**Farbkörper**
Metalloxide zum Einfärben von Ton, Glasur oder Engoben.

**Fayencen**
Herkunftsort Faenza; es ist die gleiche Technik wie Majolika.

**Fetter Ton**
Plastischer, feinkörniger Ton, der sich gut ziehen läßt (Henkeln). Die Oberfläche fühlt sich glatt an.

**Feuchthart**
Die erste Trockenphase. Der Ton ist noch formbar.

**Fließverhalten**
Damit wird das Fließen oder „Laufen" der geschmolzenen Glasur bezeichnet.

## G

**Gesintert**
Der Scherben ist wasserdicht.

**Gießmasse**
Flüssiger roter oder weißer Ton zum Ausgießen von Gießformen aus Gips.

**Glasieren**
Den geschrühten Scherben mit einer Glasur überziehen. Entweder durch Tauchen, Beschütten oder Aufstreichen.

**Glasur**
Verschiedenfarbiger glasartiger Überzug, der bei bestimmten Temperaturen auf den Scherben aufgeschmolzen wird.

**Glasurbrand**
Auch Glatt-, Bunt- oder zweiter Brand genannt, ist das Brennen glasierter Gegenstände. Die Brenntemperatur richtet sich stets nach der verwendeten Glasur. Durch das Aufschmelzen der Glasur wird der poröse Scherben weitgehend wasserdicht und verschönt.

## H

**Haarrisse**
Die Glasurschicht weist ein Netz von feinen unbeabsichtigten (im Gegensatz zur Craquelé-Glasur) Rissen auf. Sie entstehen durch den unterschiedlichen Ausdehnungskoeffizienten von Glasur und Scherben.

**Homogenisieren**
Durch Druckeinwirkung (Kneten und Schlagen) den Ton innig vermischen und von Lufteinschlüssen befreien.

**Hubel**
Maßeinheit für 10 Kilogramm Ton.

## I

**Irdenware**
Nicht gesinterte, poröse Töpferwaren, die bei niedrigeren Temperaturen gebrannt werden.

## K

**Kammkeramik**
Verzierungstechnik. Mit einem Kamm wird die lederharte Oberfläche strukturiert.

**Keramik**
Töpferkunst. Bezeichnung für Erzeugnisse aus gebrannten Tonmassen.

**Kerbtechnik**
Lederharte Tonwaren werden mit einer Modellierschlinge oder einem Messer bearbeitet, um eine reliefartige Oberfläche zu bekommen.

**Körnung**
Die Größe der Schamottekörner.

## L

**Lederhart**
Die zweite Trockenphase. Der lederharte Gegenstand läßt sich noch schneiden, aber nicht mehr wesentlich verformen.

## M

**Magerer Ton**
Grobschamottierter, wenig plastischer Ton. Läßt sich schlecht ziehen, deshalb auch „kurzer Ton" genannt. Die Oberfläche ist stumpf und matt.

**Majolika**
Herkunftsort ist Mallorca. Geschrühte Tonwaren werden mit einer weißen Zinnglasur überzogen; in die noch feuchte Glasur wird mit Majolikafarben gemalt und anschießend gebrannt.

**Masse**
Ist der Oberbegriff für alle Arten von, z.B. mit Wasser, aufbereiteten Tongemengen.

**Modellierholz**
Werkzeug zur feinen Bearbeitung von Ton.

**Modellierschlinge**
Werkzeug zum Abschaben von Ton oder Aushöhlen von Tongegenständen.

## O

**Oxidierendes Brennen**
Bezeichnung des meist benutzten Brennvorgangs. Die Sauerstoffzufuhr ist ausreichend.

## P

**Pendelzeit**
Eine über bestimmte Zeit gehaltene Endtemperatur im Brennofen.

**Plastizität**
Bildsamkeit des Tons, die je nach Tonsorte verschieden ist.

**Porosität**
Die Durchlässigkeit von gebrannten Scherben und ungebranntem Ton.

## R

**Rändern**
Die Oberfläche eines Werk-

stücks mit querlaufenden Linien versehen. Das notwendige Arbeitsgerät ist die Ränderscheibe.

### Ränderscheibe
Eine auf Kugeln gelagerte, runde Metallplatte. Sie läßt sich sehr leicht drehen und ist deshalb ein wichtiges Arbeitsgerät zur Oberflächenverzierung.

### Reduzierendes Brennen
Bezeichnung eines Brennvorganges mit reduzierter Sauerstoffzufuhr.

### Ritztechnik
Einritzen mit einem spitzen Gegenstand in die feuchte oder lederharte Tonoberfläche.

## S

### Salzglasieren
Während des Steinzeugbrandes wird Salz in den Brennofen geschüttet. Das verdampfende Salz verbindet sich mit der Oberfläche des Tongutes und gibt einen gleichmäßigen Glasurüberzug.

### Schamotte
Gebrannter, zerkleinerter Ton in verschiedenen Körnungsgrößen.

### Scherben
Gebrannte, nicht glasierte Tonwaren.

### Schlicker
Mit Wasser aufbereiteter, flüssiger Ton zum Verbinden von Tonteilen.

### Schrühbrand
Auch als erster Brand oder Rohbrand bezeichnet. Bei einer niedrigen Temperatur von etwa 800 bis 980 Grad (dies sind keine absoluten Werte, sie schwanken je nach verwendeter Tonsorte) bleibt der Scherben noch porös genug, um die Glasur aufzunehmen.

### Schwindung
Der Ton schrumpft durch Wasserentzug beim Trocknen (genannt Trockenschwindung) und beim Brennen (genannt Brennschwindung). Trocken- und Brennschwindung ergeben die Gesamtschwindung.

### Segerkegel
Kontrollmedium aus keramischem Material zur Bestimmung der Endtemperatur im Brennofen. Benannt nach Prof. H. Seger.

### Sgraffito
Dekortechnik, bei der mit einem spitzen Gegenstand in vorher aufgetragene Engobe Muster eingekratzt werden.

### Sintern
Verdichten des Tons und völliges Verschließen der Poren, bis der Scherben wasserundurchlässig wird.

### Steingut
Aus weißem Ton gebrannter, poröser Scherben, der erst durch die Glasur weitgehend dicht wird.

### Steinzeug
Steinzeugmassen sintern bei hohen Temperaturen von etwa 1100 bis 1260 Grad (schwankt je nach verwendetem Material).

### Stellmittel
Wird Glasuren beigemengt, um ein Absetzen der Glasur zu verhindern.

## T

### Terrakotta
Bei niedrigen Temperaturen gebrannte, unglasierte Tonware von meist rötlicher Farbe.

### Töpferscheibe
Rotierende Scheibe, die meist elektrisch oder mit dem Fuß angetrieben wird.

### Ton
Ist ein Verwitterungsprodukt aus Gesteinen wie z.B. Feldspat und Glimmer (Tonminerale Kaolinit und Illit). Färbende Beimengungen sind verschiedene Metalloxide wie Eisen, Mangan und Titan. Durch verschiedene Bearbeitungsprozesse und Zugabe von Wasser wird der Ton zur plastischen Masse.

### Transparent-Glasur
Eine durchsichtige Glasur.

### Trocken
Die letzte und dritte Trockenphase. Das Werkstück ist fertig für den Schrühbrand.

## U

### Unterglasurfarben
Keramische Farben, die unter Glasur aufgemalt werden. Sie erhalten durch eine transparente Glasur ihren Glanz.

## W

### Wiederaufbereitung
Dem getrockneten Ton wird so lange Wasser zugesetzt, bis er gleichmäßig flüssig ist (Tonsumpf). Dann wird er auf Gipsplatten gegossen; diese entziehen das Wasser. Hat der Ton die richtige Konsistenz, wird er geknetet und weiterverarbeit.